字
文 烛 熙 来
未
TopBook

王子今 著

# 秦宣太后传

陕西新华出版
陕西人民出版社

## 图书在版编目（CIP）数据

秦宣太后传／王子今著. —西安：陕西人民出版社，2025.1

ISBN 978-7-224-15398-9

Ⅰ.①秦… Ⅱ.①王… Ⅲ.①皇太后—传记—中国—秦代 Ⅳ.①K827=33

中国国家版本馆CIP数据核字（2024）第100802号

出 品 人：赵小峰
总 策 划：关　宁
出版统筹：韩　琳　王　倩
策划编辑：王　凌　凌伊君
责任编辑：武晓雨
封面设计：佀哲峰

**秦宣太后传**
QIN XUAN TAIHOU ZHUAN

| 作　　者 | 王子今 |
|---|---|
| 出版发行 | 陕西人民出版社<br>（西安市北大街147号　邮编：710003） |
| 印　　刷 | 陕西金和印务有限公司 |
| 开　　本 | 787毫米×1092毫米　1/32 |
| 印　　张 | 8.375印张 |
| 字　　数 | 144千字 |
| 版　　次 | 2025年1月第1版 |
| 印　　次 | 2025年1月第1次印刷 |
| 书　　号 | ISBN 978-7-224-15398-9 |
| 定　　价 | 69.80元 |

如有印装质量问题，请与本社联系调换。电话：029-87205094

# 前　言

《史记》一百三十卷，最后一卷是《太史公自序》。这是《史记》一书中非常重要的篇章。

按照唐代史学家颜师古的说法："司马子长撰《史记》，其《自叙》一卷，总历自道作书本意。"就是说，司马迁在这篇文字中明确申明了自己撰著这部史书的学术动机和文化宗旨。颜师古还说，《太史公自序》对于《史记》各卷都有简略的引语："篇别皆有引辞，云为此事作某本纪，为此事作某年表，为此事作某书，为此事作某世家，为此事作某列传。"颜师古分析，司马迁的意思，是仿照《尚书》的《序》，也就是孔安国所说的《书序》："序所以为作者之意也。"西汉学者扬雄作《法言》，东汉学者班固作《汉书》，也都采取了这样的做法。①

司马迁在《史记·太史公自序》中，回顾了自己的家世渊源，明确了著史的文化责任；对于父亲司马谈已经进行的工作，即所谓"先人所次旧闻"，也有所说明。就司马谈对自己的嘱托，司马迁表达了庄严的承诺。司马谈"所欲论著"的史学志向，司马迁决心继承。② 同时，《太史公自序》对于《史记》各篇均有简略的概括。这就是颜师古所说的"篇别皆有引辞"。对于《史记·秦本纪》，司马迁写道："维秦之先，伯翳佐禹；穆公思义，悼豪之旅；以人为殉，诗歌《黄鸟》；昭襄业帝。作《秦本纪》第五。"③

《史记·秦始皇本纪》记述了秦史的新阶段，就是秦王政即位，统一步伐愈益急进，终于实现"秦并天下"④，并创建秦帝国，完善了诸多创制，随后则未能解除多种危机，最终秦帝国走向彻底覆亡的历史进程。《史记·秦本纪》总结了秦

---

① 〔唐〕颜师古原著，刘晓东平议：《匡谬正俗平议》，齐鲁书社，2016年，第121页。
② 〔汉〕司马迁撰，〔南朝·宋〕裴骃集解，〔唐〕司马贞索隐，〔唐〕张守节正义：《史记》卷一三〇，中华书局，1959年，第3295页。
③ 《史记》卷一三〇《太史公自序》，第3302页。
④ 《史记》卷二八《封禅书》，第1366页、第1371页。

崛起于西北，一步步向东进取，富国强兵，以致"唯秦雄天下"①，"秦地半天下"②的发展轨迹。

还应当说明，《史记·秦本纪》依据的主要材料，应当来自秦国史书《秦记》。李斯建议秦始皇禁绝可能动摇统一政体的思想言论："臣请史官非秦记皆烧之。非博士官所职，天下敢有藏《诗》、《书》、百家语者，悉诣守、尉杂烧之。有敢偶语《诗》《书》者弃市。以古非今者族。吏见知不举者与同罪。令下三十日不烧，黥为城旦。所不去者，医药卜筮种树之书。若欲有学法令，以吏为师。"李斯的主张得到了秦始皇的认可。③ 所谓"史官非秦记皆烧之"，就是全面取缔各国的历史记录，只保留秦国的史籍。这就是司马迁在《史记·六国年表》中说的："秦既得意，烧天下《诗》《书》，诸侯史记尤甚，为其有所刺讥也。《诗》《书》所以复见者，多藏人家，而史记独藏周室，以故灭。惜哉，惜哉！独有《秦记》，又不载日月，其文略不具。"司马迁深深痛惜诸侯史记毁于秦火，

---

① 《史记》卷八三《鲁仲连邹阳列传》，第2459页。
② 《史记》卷七〇《张仪列传》，第2289页。《战国策》卷一四《楚策一》"张仪为秦破从连横"条："张仪为秦破从连横，说楚王曰：'秦地半天下，兵敌四国，被山带河，四塞以为固。'"〔西汉〕刘向集录：《战国策》，上海古籍出版社，1985年，第504页。
③ 《史记》卷六《秦始皇本纪》，第255页；《史记》卷八七《李斯列传》，第2546页。

所谓"独有《秦记》",就是"史官非秦记皆烧之"的后果。所谓"又不载日月,其文略不具",指出《秦记》内容并不十分完备。不过,他同时又肯定,就战国历史记载而言,《秦记》的真实性是可取的。司马迁还以为因"见秦在帝位日浅"而产生鄙视秦人历史文化的偏见,是可悲的。①《史记·秦本纪》有关秦崛起、强盛、兼并进程的历史记述,有《秦记》保留的资料为基础,可以认定大致真切可信。

司马迁为"作《秦本纪》第五"写的"引辞"中只列举了秦国发展史中三位重要人物:1."伯翳";2."穆公";3."昭襄"。所谓"昭襄业帝",肯定秦昭王(或称"秦昭襄王")已经奠定了帝业的根基。而秦昭王的母亲宣太后,在秦史这一阶段作为秦国最高执政者,她的历史表现值得特别重视。

说明相关历史文化现象,以及若干重要历史人物的作用,复原真实的历史,对于认识当时逐步实现统一的历史走向,理解这一社会进程的文化动力,以及某些形成我们民族传统的重要基因,都有积极的意义。

宣太后在秦国经历的政治人生,与秦惠文王执政至秦昭王执政时期秦迅速强国的历史轨迹大致同步。

宣太后曾经主持朝政数十年,这一历史阶段的基本特

---

① 《史记》卷一五《六国年表》,第686页。

征,即《史记·六国年表》所谓"海内争于战功",各大国积极以武力竞争,"务在强兵并敌"。① 秦军往往占有战争优势,"追亡逐北,伏尸百万,流血漂卤","因利乘便,宰割天下,分裂河山"②,史籍记载描绘了一幅虽有颇多破坏与牺牲,然而亦富于英雄主义色彩的趋向统一的战争史画卷。

司马迁在《史记·太史公自序》中做出的"昭襄业帝"这一评价,肯定了这一时期秦人的历史成就对于后来实现统一的意义。

宣太后也是秦始皇帝业的奠基人之一。

---

① 《史记》卷一五《六国年表》,第685页
② 〔汉〕贾谊:《过秦论》,《史记》卷六《秦始皇本纪》,第279页;《史记》卷四八《陈涉世家》,第1963页。"追亡逐北"的说法,又见于《史记》卷八二《田单列传》对于燕、齐战争的记述,"军扰乱奔走,齐人追亡逐北",第3458页。

# 目 录

一 中国古史的英雄时代 …………………………………… 1

 1. 天下大乱，异端纷起 ………………………………… 1

 2. 知识人的活跃 ………………………………………… 3

 3. 诸侯争强，战国并起，甲兵不休 …………………… 3

 4. "古今一大变革之会" ………………………………… 5

二 宣太后的出身 …………………………………………… 7

 1. 楚国芈姓女子 ………………………………………… 8

 2. 秦、楚早期发展空间选择及二者的区域亲缘 …… 10

 3. "秦岭"和"楚山" …………………………………… 11

 4. 秦楚"形亲之国" …………………………………… 14

三 楚女的婚车 ……………………………………………… 15

 1. 秦楚"辟远""僻陋"的共性 ………………………… 15

2. 从"秦晋之好"到秦楚结"亲" …………… 16
3. 武关道：宣太后入秦线路 …………… 20
4. 申包胥哭秦庭"山遥水远路三千" …………… 21
5. 商鞅封地与商鞅出使楚国的路线 …………… 27
6. 武关道秦楚交通史 …………… 31
7. 另一位著名楚女的北上道路 …………… 33

四 历史机遇和芈八子的表现 …………… 37
1. "芈八子"名号 …………… 37
2. 后宫制度中"八子"的地位 …………… 38
3. 八子者，妾媵之号 …………… 41
4. 秦惠文王：诸侯称"王"第一人 …………… 43
5. "智者不失时" …………… 46
6. 与楚交好 …………… 48

五 古史第一位"太后" …………… 51
1. 正说秦武王 …………… 51
2. "宣太后自治，任魏冉为政" …………… 58
3. "太后之号，自秦昭王始" …………… 60
4. "惠文后"和"悼武王后"的命运 …………… 63

六 宣太后时代的秦国军事："宰割天下，分裂河山" … 67
1.《秦本纪》记录的宣太后时代秦扩张史 …………… 67

2. 《六国年表》记录的宣太后时代秦扩张史 ………… 70
　　3. 秦战争史的宣太后时代回顾 ………………………… 73
　　4. 阏与之战 ……………………………………………… 75
　　5. 白起：军事人才的识拔 ……………………………… 78
　　6. "间"与"战" …………………………………………… 79

七　秦扩张的两个方面："土地"和"民人" ………………… 83
　　1. 秦兼并战争中的"出其人""归其人"政策 ………… 84
　　2. "徕民"主张 …………………………………………… 87
　　3. "募徙""赐爵"，"赦罪人迁之" …………………… 89
　　4. "民不乐为秦"，"反覆""为乱"情形 ……………… 91

八　纵横短长：宣太后时代的列国志 ……………………… 95
　　1. 秦王奔走会盟 ………………………………………… 97
　　2. 秦中原会盟的意义 …………………………………… 105
　　3. 秦的"好会" ………………………………………… 106
　　4. "远交近攻"战略 …………………………………… 111
　　5. "从衡短长之说" …………………………………… 112
　　6. "诈楚"与楚怀王悲剧 ……………………………… 114
　　7. "唐且"故事 ………………………………………… 116
　　8. 渑池"好会" ………………………………………… 118
　　9. 对"挟诈失信""不义不信"的批判 ……………… 122

3

## 九 "义渠戎"问题 …………………………… 124

1. 西北"勇武"之风 …………………………… 125
2. "义渠道"与"义渠道"出身的名将 ………… 126
3. "义渠"之遗风与"山西之猛性" …………… 128
4. "秦"与"戎"的长久纠葛 …………………… 130
5. "义渠来赂"与"义渠伐秦" ………………… 133
6. "义渠君为臣" ……………………………… 134
7. "宣太后诈而杀义渠戎王于甘泉" ………… 134
8. "秦地半天下" ……………………………… 136

## 一〇 宣太后时代的"商君之法" ……………… 140

1. 宣太后与商鞅的人生是否有交集? ……… 140
2. 商君之谋 …………………………………… 142
3. 商君之法 …………………………………… 144

## 一一 魏冉·范雎·薛文 ……………………… 148

1. "秦益强大者,穰侯之功也" ……………… 148
2. "倾危之士"范雎 …………………………… 152
3. "相邦薛君"事迹 …………………………… 157

## 一二 性情芈八子 ……………………………… 164

1. "义渠戎王与宣太后乱,有二子" ………… 165
2. "秦宣太后爱魏丑夫" ……………………… 167

3. 宣太后言先王"尽置其身妾之上" ············ 168
　　4. 对宣太后言行"大奇"的民俗学与文化学分析 ··· 170
一三　"昭襄业帝" ································· 173
　　1. 齐秦东西帝 ······························· 173
　　2. 西帝·北帝·中帝："并立三帝"设想 ········ 177
　　3. "帝"与"业帝" ··························· 178
　　4. "业帝"与"帝业" ························· 180
　　5. 秦"畤"和有关"帝"的信仰 ················ 181
　　6. "秦王初并天下"议定"帝号"的历史渊源······ 183
一四　宣太后在政治舞台的淡出及其人生终结 ··········· 188
　　1. 宣太后离开最高权力的时间 ················ 188
　　2. "废太后"疑议 ··························· 193
　　3. 应："太后养地" ························· 194
　　4. 宣太后"忧死"说 ························· 197
　　5. "宣太后薨，葬芷阳郦山" ················· 199
　　6. 关于秦兵马俑坑主人的争论 ················ 203
一五　宣太后政治成功的条件 ························· 207
　　1. 商鞅之"秦法" ··························· 208
　　2. 前世之"余烈" ··························· 210
　　3. "大一统"的时代要求 ····················· 211

5

4. "尽无余"的进取精神 ································ 212

5. 秦文化与东方文化的融合 ························ 214

6. "秦暴""秦贪""秦虎狼"形象的修正 ············ 218

**代结语:"世家""列传"——有关宣太后的历史记忆和历史评价** ································ 222

**附论:粉墨历史——"油腻"和"虚无"** ··············· 226

1. 影视表现的细节 ································ 227

2. 历史与历史剧 ···································· 243

**主要参考资料** ············································ 250

# 一　中国古史的英雄时代

战国阶段，是中国古史的英雄时代。

这是一个战乱频繁、动荡激烈的历史阶段。与此同时，虽然各国历史渊源不同，文化基础有异，但是社会总体积极变革、热情进取、推崇发明、激励创造，这一时期的时代精神有史无前例的表现。

战国时期的思想创新和文化进步，在中国历史上形成了永远闪光的亮点。

## 1. 天下大乱，异端纷起

汉代史论已经可以看到时人对战国时期社会演变的评价。如《汉书·百官公卿表上》说："自周衰"，"战国并争，各变异"。① 南北朝时期有人这样说："及至战国纷纭，干戈递用，五籍灰殄，群儒坑殄，贼仁义之经，贵战争之术，遂使天下分崩，黔黎荼炭。"②《隶释》卷二四"柳孝廉碑"题下有对于战国时期思想文化进行评价的文字："自战国以来，圣人不作，诸子百家、异端怪说，纷然而起。""自非豪杰之士，卓然不为流俗所移，未有不从而惑者也。"③宋代学者真德秀也有这样的判断："天下大乱，道德不一"，"百家之学"盛起，人称"异端之盛，莫甚于此时"。④ 传统史家所谓"战国之乱"⑤，"战国之祸"⑥，口径已经比较一致。

"天下"政治形势"大乱"，导致陈旧理念动摇，传统秩序残破，"道德"规范"不一"。然而文化思想方面的新异学说"纷然而起"，为社会的进步创造了条件。

儒学正统学者所批评的与儒家"圣人"之学不同的异端之

---

① 〔汉〕班固撰：《汉书》卷一九上《百官公卿表上》，〔唐〕颜师古注，中华书局，1962年，第722页。
② 〔北齐〕魏收撰：《魏书》卷五六《郑道昭传》，中华书局，1974年，第1241页。
③ 〔宋〕洪适撰：《隶释 隶续》，中华书局，1985年11月据洪氏晦木斋刊本影印版，第261页。
④ 〔宋〕真德秀：《读书记》卷三五《吾道异端之辨上》，清文渊阁《四库全书》本，第929页。
⑤ 〔宋〕李昉等撰：《太平御览》卷八二八引皇甫谧《高士传》，《太平御览》，中华书局，1960年2月上海涵芬楼影印宋本复制重印版，第3693页。
⑥ 《魏书》卷一〇五之四《天象志四》，第2439页。

起、异端之盛，其实体现了百家争鸣时代的思想自由、学术繁荣和文化进步。

2. 知识人的活跃

宋人张九成分析了当时三个强国的动向，秦国任用张仪，齐国"尊稷下先生"，楚国采用陈轸的"谋画"。知识分子的空前活跃，使得高层次的智慧被应用于军事指挥、政治设计。而文化创造方面，也多有新的收获。

知识人以"客"的身份往来各地，试图施展自我的才具，实现个人的价值。他们以不同方式参政，提升了行政的文化层次，促进了各地的文化交往。

另外一类人群，在这一历史时期有非常的表现：商人对社会生活的热情参与，促进了城市经济和交通建设的成熟。

3. 诸侯争强，战国并起，甲兵不休

战国时期为什么被称作"战国"？这与当时战争频次的密集、战争规模的扩大有关。

从战国时期直到秦汉之际，"王""霸""帝"的政治支配权力的争夺，导致持续的战乱。"强国务攻，弱国备守，合从连横，驰车击毂，介胄生虮虱，民无所告愬"[1]，"伏尸百万，流血漂卤"[2]。按照裴骃《集解》引徐广的解释："卤，楯也。"

---

[1] 《史记》卷一一二《平津侯主父列传》，第2958页。
[2] 〔汉〕贾谊：《过秦论》，《史记》卷六《秦始皇本纪》，第279页。《史记》卷四八《陈涉世家》引《过秦论》作"伏尸百万，流血漂橹"，第1963页。

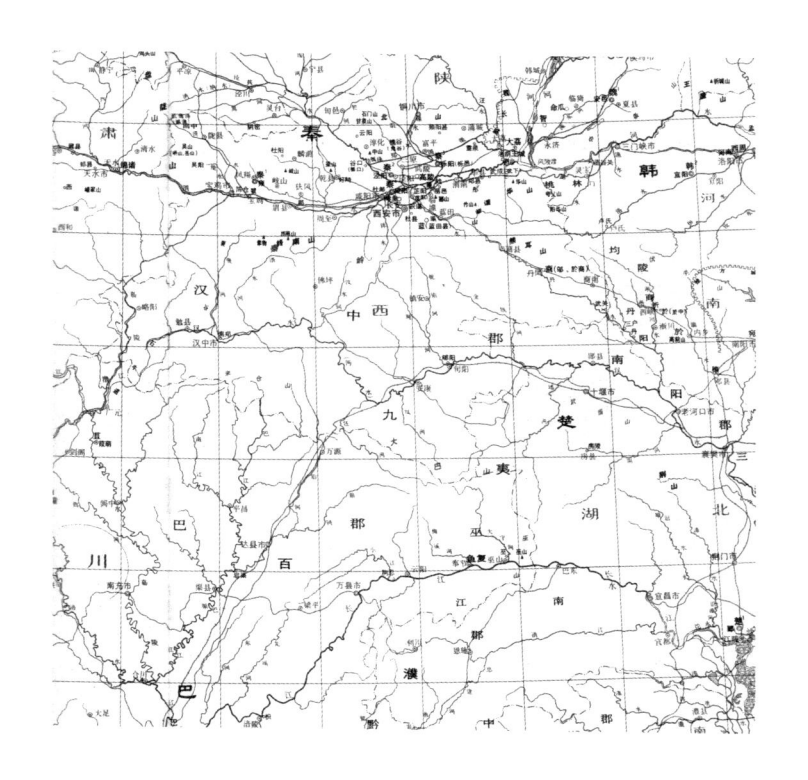

图 1-1 战国秦楚形势

(据谭其骧主编《中国历史地图集》第 1 册,中国地图出版社,1982年,第 43—44 页)

评价当时时势所谓"诸侯争强,战国并起,甲兵不休"①,所谓"战国构兵,更相吞灭,专以争强攻取为务"②,都强调战争的激烈。战争使得社会承受了极惨重的损失,而随后实现的统一,又推动中国历史迈入了新的纪元。

4."古今一大变革之会"

王夫之《读通鉴论》说,春秋战国时期为"古今一大变革之会也"。

王夫之认为,这一历史阶段的文化史趋向,在某种意义上可以说背离了"《尚书》、孔子之言"。传统社会秩序被打碎,而列国之间激烈的战争,使得"生民""趋入于死亡"③。经济生活遭到扰乱,战乱灾难空前残酷,都是历史的真实。但是以种种代价换取的"大变革",是不宜以消极眼光看待的。清代学者汤斌也写道:"秦之并六国也,此古今一大变

---

① 《盐铁论·未通》,〔汉〕桑弘羊撰,王利器校注:《盐铁论校注》(定本),中华书局,1992年,第191页。
② 《中论·历数》,〔魏〕徐幹撰,孙启治解诂:《中论解诂》,中华书局,2014年,第248页。
③ 《读通鉴论》卷末《叙论四》写道:"战国者,古今一大变革之会也。侯王分土,各自为政,而皆以放恣渔猎情,听耕战刑名殃民之说,与《尚书》、孔子之言,背道而驰。勿暇论其存主之敬怠仁暴,而所行者,一令出而生民即趋入于死亡。"〔清〕王夫之撰:《读通鉴论》,舒士彦点校,中华书局,1975年,第954页。

局也。"①从战国时期直到秦代，社会文化和生产方式有了突出的进步。

战国时期也是我们民族精神体现英雄主义光辉的历史时期之一。这一时期以"甲兵""争强"为表现形式，以英雄进取为历史主题的时代精神，是我们回顾战国历史时不能不瞩目的。

司马迁在《史记·循吏列传》和《史记·刺客列传》中，分别讲述了一些模范官员和为了"信"与"义"不惜牺牲生命的勇敢之士的事迹。这两篇都没有直接记述秦汉时代的历史故事，而主要以战国时期的社会活动家作为颂扬对象。其中形象最光辉的重要人物，比如《循吏列传》中的"楚之处士"，后"为楚相"的孙叔敖和《刺客列传》中为燕刺秦始皇的卫人荆轲等，都是战国时期声名显赫的英雄。太史公显然看到了当时社会精神生活的某种进步。

司马迁提示我们注意的政治建设与社会稳定的关系、侠义精神与生命意识的关系，战国历史进程都给予了我们重要的启示。

---

① 〔清〕汤斌撰：《汤子遗书》卷四《重建信陵君祠记》，清文渊阁《四库全书》本，第7页。

## 二　宣太后的出身

宋人张九成《孟子传》说到战国时期三个大国即秦国、齐国、楚国"以谋强国"的情形与天下大势的关系，其中秦国和楚国的动态特别值得注意。

一位嫁到秦国的楚女，后来在秦国上层社会的政治争斗中胜出，甚至掌握了最高权力。在她执政的时代，秦国迅速崛起。秦远征军的凌厉攻势，使得东方各国视之为"虎狼"。秦人破城略地，进行大规模扩张，奠定了帝业的基础，为后来秦始皇实现统一准备了条件。

这是真实的历史吗？

这样一个女人的故事，其实是真确的历史进程的写真。

她是秦国的宣太后。

1. 楚国芈姓女子

宣太后芈姓，出身楚国。

关于"芈"，汉代字书《说文解字·羊部》中，"芈"仅次于"羊"字，排位第二："芈，羊鸣也。从羊。象声气上出。与牟同意。"①说"芈"字的本义，是羊的叫声。"芈"仿象"羊鸣"，大致与"牟"仿象牛的叫声意思相近。②"芈"的原始字义，体现了人和动物、人和自然的亲近关系。

《说文解字》的作者许慎出身战国时期属于楚国的地方。他对"芈"字的解说，应当大致符合古义。先秦人名有姓、氏。先秦的姓，如姬、姜、姒、嬴等，和后世的姓，如赵、钱、孙、李等，性质和范围都有差别。而氏的数量比姓要多许多倍。1976年陕西扶风庄白出土的一个西周青铜器窖藏，器主世系有七世可考，前几世器物铭文末尾有"木羊"，后来改称微氏，就不再用"木羊"之称了。③"木羊"应当也是与羊有关的名号。

关于楚人的生存环境，有早期于"草莽""山林"艰苦创业

---

① 〔汉〕许慎撰，〔清〕段玉裁注：《说文解字注》，上海古籍出版社，1981年10月据经韵楼藏版影印版，第145页。
② 《说文解字·牛部》："牟，牛鸣也。从牛。象其声气从口出。"段玉裁注："此合体象形，与芈同意。韩愈诗曰：椎肥牛呼牟。柳宗元赋曰：牟然而鸣，黄钟满脰。"《说文解字注》，第51页。
③ 李学勤：《考古发现与古代姓氏制度》，《考古》1987年第3期。

## 二 宣太后的出身

图 2-1 1973 年当阳季家湖楚城出土"秦王卑命铜钟",铭文"秦王卑命竞墉王之定救秦戎",反映了战国早期秦楚两国的友好关系

的记录。《史记·楚世家》记载道:"昔我先王熊绎辟在荆山,筚露蓝蒌以处草莽,跋涉山林以事天子,唯是桃弧棘矢以共王事。"①后来秦灭楚后,班氏家族被强行迁徙到北方游牧区与农耕区交界的地方,竟然以经营牧业的成就"致马牛羊数千群","以财雄边"。② 这一情形,可以使我们产生楚地芈氏可能早期曾经在"草莽""山林"从事牧业生产的联想。

宣太后出身楚国。她在秦国的政治表现,自有早期得自楚国的文化基因在发生作用。可惜,我们现在已经很难详尽考定这位女子具体的家世。然而从许多迹象分析,她不大可

---

① 《史记》卷四〇《楚世家》,第 1705 页。
② 《汉书》卷一〇〇上《叙传上》,颜师古注:"班氏以多财而为边地之雄豪。"第 4197—4198 页。

能是平民女子，而应当处于楚国社会的中上阶层。

## 2. 秦、楚早期发展空间选择及二者的区域亲缘

秦国和楚国有特殊的关系，两国的发展路径也有相似之处。

来自东方的秦人最初的根据地在西汉水上游，今甘肃礼县境内。后来因畜牧业经营的优胜，秦人进入汧水和渭水交汇的地方，又借助两周交替的契机，控制了关中平原西部，立国后逐步向东发展。

据清华简《楚居》透露的资料，有学者认为，曾经集结于今鄂西地区的楚人曾经也在秦岭南北活动，后来循丹江进入江汉平原，成就了建国事业。①

秦人由黄河流域进入长江流域，获得早期发展的条件，又转向黄河流域。楚人可能也曾由长江流域进入黄河流域，后来则由丹江水系南下江汉。

秦国和楚国，前者在西面，后者在南面，曾经分别构成对中原国家的威胁。这两个后来成为天下强国的政治实体，早先都曾经在黄河流域与长江流域之间寻找最好的发

---

① 周宏伟：《新蔡楚简与楚都迁徙问题的新认识》，《北大史学》第14辑，北京大学出版社，2009年；《〈楚居〉"京宗"新释》，《中国史研究》2019年第3期。

二 宣太后的出身

图 2-2 湖北省博物馆藏 1965 年江陵望山 2 号墓出土战国中期玉璧及玉珑

展空间。黄河流域的渭水平原后来成为秦文化发育的基地，楚文化的创造者则选择了在长江流域的丹江江汉平原立足并求得发展。①

3. "秦岭"和"楚山"

秦岭古称"南山"。这是以关中平原方位为基点的定位。《诗经》有关"南山"的诗句，有的就是指这条山脉。②《史记·周本纪》："公刘虽在戎狄之间，复修后稷之业，务耕种，行地宜，自漆、沮度渭，取材用，行者有资，居者有畜

---

① 王子今：《丹江通道与早期楚文化——清华简〈楚居〉札记》，《简帛·经典·古史》，上海古籍出版社，2013 年。
② 如《诗·小雅·节南山》："节彼南山，维石岩岩。""节彼南山，有实其猗。"〔清〕阮元校刻：《十三经注疏》，中华书局，1980 年 10 月据原世界书局缩印本影印版，第 440 页。

积，民赖其庆。百姓怀之，多徙而保归焉。周道之兴自此始，故诗人歌乐思其德。"所谓"自漆、沮度渭，取材用"，张守节《正义》："公刘从漆县漆水南渡渭水，至南山取材木为用也。"所谓"诗人歌乐思其德"，司马贞《索隐》："即《诗·大雅篇》'笃公刘'是也。"[1]可见秦人也使用"南山"之称。《史记·秦本纪》记载："（秦文公）二十七年，伐南山大梓，丰大特。"[2]秦始皇时代经营秦都咸阳新的宫殿区，营造阿房宫，"先作前殿阿房，东西五百步，南北五十丈，上可以坐万人，下可以建五丈旗。周驰为阁道，自殿下直抵南山。表南山之颠以为阙"[3]。西汉依然称"秦岭"为"南山"。《汉书·东方朔传》："夫南山，天下之阻也，南有江淮，北有河渭。"这里所说的"南山"，就是后来所谓的"秦岭"。"秦岭"确定得名，可能在魏晋以后。《史记·周本纪》"公季卒"，裴骃《集解》："皇甫谧曰：'葬鄠县之南山。'"[4]可见西晋时仍使用"南山"之称。

史籍较早出现"秦岭"名称，见于著名的魏延北伐经子午道突袭长安的建议。《三国志·蜀书·魏延传》裴松之注引

---

[1]《史记》卷四《周本纪》，第112—113页。
[2]《史记》卷五《秦本纪》，第180页。
[3]《史记》卷六《秦始皇本纪》，第256页。
[4]《史记》卷四《周本纪》，第116页。

## 二 宣太后的出身

《魏略》写道，魏延计划率领"精兵五千，负粮五千，直从褒中出，循秦岭而东，当子午而北，不过十日可到长安……如此，则一举而咸阳以西可定矣"①。

"南山"改称"秦岭"，当然与关中地方为秦人成功经营，成为秦文化的发展基地有关。

丹江水系在上游商州区有"大荆川"。流域内现今行政区划，依然有"大荆镇""西荆"等行政单位。这里在方志资料中均显示为"楚山""楚水"所在。《水经注·丹水》：丹水东南过上洛县南，"楚水注之，水源出上洛县西南楚山，昔四皓隐于楚山，即此山也"②。《太平寰宇记·山南西道九》，《明一统志》卷三二《陕西布政司》，乾隆《陕西通志》卷八《山川一》、卷一二《山川五》，《关中胜迹图志》卷二五《地理》均认同此说。似乎"楚山""楚水"地名沿用至相当晚近的时代。

"楚山""楚水"以及"大荆川""大荆镇""西荆"等地名，依稀保留了楚人活动的历史记忆。③

---

① 〔晋〕陈寿撰：《三国志》卷四〇《蜀书十》，〔南朝·宋〕裴松之注，中华书局，1959年，第1003页。
② 〔北魏〕郦道元原著，陈桥驿校证：《水经注校证》，中华书局，2007年，第486页。
③ 王子今：《丹江通道与早期楚文化——清华简〈楚居〉礼记》，《简帛·经典·古史》，上海古籍出版社，2013年。

## 4. 秦楚"形亲之国"

秦国和楚国地域相邻，关系特殊。

《战国策·楚策一》："楚王曰：'寡人之国，西与秦接境。'"①张仪说楚王："今秦之与楚也，接境壤界，固形亲之国也。"鲍本注："其势当亲。"张仪还建议："大王诚能听臣，臣请秦太子入质于楚，楚太子入质于秦，请以秦女为大王箕帚之妾，效万家之都，以为汤沐之邑，长为昆弟之国，终身无相攻击。"②《史记·张仪列传》也有类似的记载。于是楚王听从了张仪的意见，开始与秦国亲近。③ 所谓"形亲之国"，不仅表明疆域地理相邻，或许也是说民情亲近，而"请以秦女为大王箕帚之妾"，直接是在说姻亲。

与中原方向文明肇始较早、文化积淀比较深厚的古国不同，秦国和楚国都是被夏商文化重心地方长期边缘化的邦国。

正是在这样的形势下，后来成为宣太后的芈姓楚国女子出嫁秦国。

---

① 《战国策》卷一四《楚策一》，第503页。
② 《战国策》卷一四《楚策一》，第509—510页。
③ 《史记》卷七〇《张仪列传》，第2292页。

## 三 楚女的婚车

秦国和楚国，立国和初步发展时期，都曾经处于与中原文化重心有一定距离的边远地方，然而均相继迅速崛起，形成了政治强势。正如《荀子·王霸》所说，"虽在僻陋之国，威动天下"，"皆僻陋之国也，威动天下，强殆中国"。《荀子·强国》则说："威动海内，强殆中国。"[①]

楚女出嫁赴秦，意味着文化等级接近的秦、楚两国进一步加深了"亲"的关系。

### 1. 秦楚"辟远""僻陋"的共性

秦昭王面对东方文化积淀深厚的中原地方，曾经自称

---

① 〔清〕王先谦撰：《荀子集解》，沈啸寰、王星贤点校，中华书局，1988年，第205页、第301页。

事。"作者在"大河为媒结秦晋"题下以三节文字陈说了"秦晋的三个国君和两位女人"的故事："穆公与伯姬：利益的交好"，"子圉与怀嬴：诱惑中离别"，"重耳与怀嬴：妥协的姻缘"。

作者的这一说法值得我们注意："历史上在秦晋联姻交好之前之后，其他地方也多次发生过两国以联姻形式交好的故事，但是，后人只记住了秦晋之好。"作者还列举了"齐晋之好更早于秦晋之好"多例。①

确实，我们还看到战国时期，颇多秦楚之间婚嫁的史例。然而文献并没有"秦楚之好"的说法。

秦楚通婚，其实久有传统，张仪曾建议楚怀王："请以秦女为大王箕帚之妾。"此前则有楚平王使人往秦国为太子娶妇，得知"秦女好"，竟然"自娶秦女"，"更为太子娶"的故

---

① 韩振远：《秦晋之好》，三晋出版社、三秦出版社，2014年，第63页、第62页。关于"'秦晋之匹''秦晋之偶''秦晋之盟''秦晋之约'"，文献可见《梁书》卷五六《侯景传》"为秦晋之匹"，〔唐〕姚思廉撰：《梁书》，中华书局，1973年，第836页；〔唐〕白行简《李娃传》："如秦晋之偶"，〔唐〕陈翰编《异闻集校证》，中华书局，2019年，第63页；〔宋〕邵雍辑《梦林玄解》卷二二《梦占》"带束书"条"有秦晋之盟"，明崇祯刻本，第606页；〔唐〕陆贽《敕尚结赞第三书》"退秦晋之约，岂可更论"，〔宋〕李昉辑《文苑英华》卷四六九，明刻本，第2910页；中华书局1966年影印本"退秦晋之约"作"退天之约"，〔宋〕李昉等编《文苑英华》，中华书局，1966年，第2396页。

三 楚女的婚车

图 3-1 荆州博物馆藏 1982 年江陵马山 1 号墓出土战国中期六边形纹绦带

图 3-2 荆州博物馆藏 1982 年江陵马山 1 号墓出土战国中期龙凤相蟠纹绣

事。① 这一做法导致楚平王父子的矛盾以及伍奢家族的悲剧，进而引发了楚国的国难。

著名的嫁为秦妇的楚女，又有后来成为秦孝文王王后的华阳夫人。

秦孝文王是秦昭王的继承人。吕不韦进行政治投资，支持异人谋求成为王位继承人。他让异人穿"楚服"谒见没有儿子的华阳夫人，果然博得其欢心，后来更异人之名为"子楚"②。

吕不韦和异人实现了良好的合作，以"使楚服而见"的巧妙策略，成功地撩动了华阳夫人潜在心底的思乡之情。

### 3. 武关道：宣太后入秦线路

后来成为宣太后的芈姓女子由楚入秦，应当是通过武关道进入关中平原的。

武关在今陕西商南。武关道以最便捷的方式沟通河渭地区和江汉地区，很早就已经成为重要的战略道路。

上古时代的秦岭道路，体现出中华民族克服高山阻障开发交通建设的非同寻常的文明史贡献。世界其他古文明系统古巴比伦、古埃及和古印度均没有跨越秦岭这样的地理险阻

---

① 《史记》卷四〇《楚世家》，第1712页。
② 《史记》卷八五《吕不韦列传》，司马贞《索隐》："按：《战国策》本名子异，后为华阳夫人嗣，夫人楚人，因改名子楚也。"第2505页。

三 楚女的婚车

图 3-3 陕西丹凤商邑遗址出土"商"字瓦当

得以发生、发育和发展的情形。自旧石器时代就已经开始，后来得到繁荣发展的秦岭南北的文化联系，是伟大的交通创举。秦岭古道路自西向东，分别有故道、褒斜道、傥骆道、子午道和武关道连通南北。故道、褒斜道、傥骆道、子午道都由关中平原通往蜀地，是古称"蜀道"的重要路段。而武关道则由关中平原通往江汉平原，联系着另一方向的经济文化先进区域。

武关道作为联系秦、楚的交通通路，同时因行经的丹江川道形势重要，曾经为秦、楚反复争夺。

4. 申包胥哭秦庭"山遥水远路三千"

武关道上曾经发生过很多秦国与楚国之间的生动的历史

故事。

楚平王信用佞臣无忌，逼太子建出亡，杀害直臣伍奢及其子伍尚。伍奢另一子伍员即伍子胥被迫流亡国外，后来率吴军伐楚，击败楚军主力，占领楚都郢。传说伍子胥以鞭尸方式为父兄报仇。在传统戏曲中，高文秀《伍子胥弃子走樊城》、郑廷玉《楚昭王疏者下船》、吴昌龄《浣纱女抱石投江》、李寿卿《说鱄诸伍员吹箫》等，都是讲述这段故事的。当伍子胥率吴军破楚后，楚臣申包胥往秦国求得救兵，终于使楚复国。值得我们注意的是，传统剧目中有孟称舜《二胥记》，明崇祯刊本，记述了伍子胥覆楚、申包胥复楚的事迹，标目有"孝伍员报怨起吴兵，忠包胥仗义哭秦庭"字样。

对于这段历史，《史记·秦本纪》有这样的记载："（秦）哀公八年，楚公子弃疾弑灵王而自立，是为平王。""十一年，楚平王来求秦女为太子建妻。至国，女好而自娶之。""十五年，楚平王欲诛建，建亡；伍子胥奔吴……""三十一年，吴王阖闾与伍子胥伐楚，楚王亡奔随，吴遂入郢。楚大夫申包胥来告急，七日不食，日夜哭泣。于是秦乃发五百乘救楚，败吴师。吴师归，楚昭王乃得复入郢。"[①]本来应当是楚太子建的妻子，后来为楚平王所霸占的"秦女"，就是经由武关道

---

① 《史记》卷五《秦本纪》，第 197 页。

三 楚女的婚车

图 3-4
秦"商印"封泥

图 3-5
秦"商□"封泥

图 3-6 秦"商丞之印"封泥

图 3-7
秦"武关丞印"封泥

图 3-8
秦"武关□□"封泥

自秦国至楚国的。二十年之后出发救楚的秦军"五百乘"兵车，也是经由武关道自秦国至楚国的。

上文引录《史记·秦本纪》所谓"楚平王来求秦女为太子建妻"，然而"至国，女好而自娶之"的故事，正是《史记·楚世家》所说楚平王见"秦女好"，于是"自娶秦女"，"更为太子娶"。①

申包胥求得秦兵帮助楚复国成功。唐人胡曾的《咏史诗·秦庭》写道："楚国君臣草莽间，吴王戈甲未东还。包胥不动咸阳哭，争得秦兵出武关？"②至于"楚大夫申包胥来告急"，自然也是经行这条道路。

关于申包胥求救于秦的情形，《左传·定公四年》写道："申包胥如秦乞师"，"立依于庭墙而哭，日夜不绝声，勺饮不入口，七日"。③终于使秦哀公感动，秦师于是出征。对于申包胥这次武关道之行，郑廷玉杂剧《楚昭王疏者下船》第一折用这样的语句形容：

〔申包胥云〕……等小官直至西秦，借他兵来，那其

---

① 《史记》卷四〇《楚世家》，第1712页。
② 〔明〕曹学佺编《石仓历代诗选》卷一〇三《咏史诗》，清文渊阁《四库全书》补配清文津阁《四库全书》本，第1245页。
③ 《春秋左传集解》，上海人民出版社，1977年，第1630—1631页。

## 三　楚女的婚车

间内外夹攻，方能取胜。〔正末云〕则怕秦昭公不肯借与咱兵，怎生是好？〔申包胥云〕主公，想秦楚旧为亲戚之邦，必然肯借与咱兵，不必疑虑。〔正末唱〕

【幺篇】你须想着归期急，休言他去路艰。止不过船临古渡垂杨岸，路经险道邛崃坂。小可如君骑羸马连云栈。〔申包胥云〕小官既为国解难，怎敢避的途路之苦。〔正末唱〕你休辞山遥水远路三千，我专等你坚甲利刃那兵十万。

〔云〕大夫，你此一去何日可回？〔申包胥云〕主公，我去只消一个月便回也。〔正末唱〕

【金盏儿】你道是一个月借兵还，三十日报平安。但愿你晓行晚宿无辞惮，休着我悬望的恶心烦。你只看风传金柝远，霜照铁衣寒。〔申包胥云〕主公放心。小官若见了秦昭公，借的军马即便回也。

当然，所谓"邛崃坂"在成都平原西南，有明显的方向错误，所谓"连云栈"在褒斜道上，由楚赴秦，一般来说也应当并不经过这里。这些大致都可以看作文学家的夸张笔墨。对于途中艰苦，剧中也有渲染的曲折情节。接着，剧作家又写道：

〔芈旋云〕哥哥，但若打听的救兵来时，便当重还楚

国,再整江山,休要挫折了志气者。〔正末唱〕

【煞尾】俺如今一程程逐去途,一心心怀故土。大都来是一兴一败天之数,但不知肯分的秦兵几时到得楚。〔下〕

申包胥求救成功,按照剧作家的表述,秦国国君的说法,竟然也与这条古驿道上的交通设施"驿亭""邮亭"有关。第四折写道:

〔外扮秦昭公领卒子上诗云〕轻分一旅出函关,列国曾无匹马还。自古秦中多紫气,争教不想占江山。某乃秦昭公是也。昔年我父穆公因与楚结亲,世为邻好。近因吴国有一口宝剑飞入楚国,那吴王屡次索剑,楚王只不肯还。以此惹动刀兵,几至灭国。有楚大夫申包胥前来借兵求救,某坚意不允。不意包胥在驿亭中,依墙而哭,七昼夜不绝,遂将邮亭哭倒。我想此人真烈士也,我如今要借兵与他。

后续部分又有:

〔申包胥上诗云〕千里而来借救兵,秦王何事不相

## 三 楚女的婚车

应。可怜七日号几绝,血泪斑斑在驿亭。①

当然,"秦昭公"的说法是错误的。当时秦国的君主是秦哀公。所谓"昔年我父穆公因与楚结亲,世为邻好",也是错误的。秦哀公的父亲是秦景公,也就是陕西凤翔秦公一号大墓的墓主。当时秦国的国都在雍,也就是今陕西凤翔。在这一时期,秦岭栈道靠西的线路受到更多的重视。② 因此,似乎不能完全排除由楚至秦经行褒斜道,也就是经过"连云栈"的可能。

当然,从秦楚交通史的许多迹象看,当时申包胥赴秦国求救,更大的可能是通过武关道。

### 5. 商鞅封地与商鞅出使楚国的路线

在秦孝公支持下策划并推行变法的商鞅,封地在商。《史记·秦本纪》记载:"(秦孝公)二十二年,卫鞅击魏,虏魏公子卬。封鞅为列侯,号商君。"张守节《正义》:"商州商洛县在州东八十九里,鞅所封也。"③《史记·秦始皇本纪》司马贞《索隐》也说:"商君,卫公孙鞅,仕秦为左庶长,遂为

---

① 〔明〕臧晋叔编《元曲选》,中华书局,1958 年,第 280—281 页、第 288—289 页。
② 王子今、刘林:《咸阳—长安文化重心地位的形成与蜀道主线路的移换》,《长安大学学报》(社会科学版)2012 年第 1 期。
③ 《史记》卷五《秦本纪》,第 204 页。

秦制法，孝公致霸，封之于商，号商君。"①商鞅"号商君"，封地的中心在"商"，其位置在今陕西丹凤。

商鞅封地商邑的考古发现值得重视。1984年4月的"武关道"考察将丹凤故城镇遗址的调查列入工作对象，所取得的收获有助于商邑位置的确定。② 李学勤《东周与秦代文明》写道："1984年，在陕西丹凤西3公里的古城村进行调查，证实是战国至汉代的遗址。这里发现的鹿纹半瓦当，花纹类似雍城的圆瓦当，几种云纹圆瓦当则近于咸阳的出土品。有花纹的空心砖、铺地方砖，也同咸阳的相似。一件残瓦当有篆书'商'字，说明当地就是商鞅所封商邑。这是一个有历史价值的发现。"③商鞅封于商，有在秦楚争夺丹江流域的背景下强化秦国政治军事优势的意义。

在商鞅政治人生最后的表现中，其交通行为值得关注。《史记·商君列传》：秦孝公死后，太子立。公子虔等人告商鞅计划谋反，于是派兵捉捕商鞅。"商君亡至关下"，想要投宿客店。店主不知道他是商鞅，以"商君之法，舍人无验者坐之"为由拒绝了他。商鞅喟然叹道："嗟乎，为法之敝一至此哉！"商鞅又前往魏国，"魏人怨其欺公子卬而破魏师，弗

---

① 《史记》卷六《秦始皇本纪》，第278页。
② 王子今、周苏平、焦南峰：《陕西丹凤商邑遗址》，《考古》1989年第7期。
③ 李学勤：《东周与秦代文明》，上海人民出版社，2007年，第308页。

三 楚女的婚车

受"。商鞅又想投奔他国，但魏人认为，"商君，秦之贼。秦强而贼入魏，弗归，不可"。商鞅不得已又回到秦国商邑，"与其徒属发邑兵北出击郑"，后被秦军杀死于黾池。① 商鞅逃亡至关下，关下的位置在哪里，以及后来商鞅去往魏国，魏人逼他回归秦国的路线，我们均不得而知。但商鞅回到秦国商邑，则行经我们所讨论的武关道。至于商鞅"与其徒属发邑兵北出击郑"，尔后"秦发兵攻商君，杀之于郑黾池"，可知从商邑有北上"郑"（今陕西华州）、"黾池"（今河南渑池西）的交通路线。② 由商邑往"郑"，应行经"上雒"（商洛古称）地方。这样的路线，应看作"武关道"交通体系的构成内容。③

秦孝公将商鞅封地确定于商，有意将这位强势人物安置在去往楚国的重要通道上，应当是有战略考虑的。

传世历史文献可以看到对商鞅事迹的详尽记载。但是他的有些活动，在史籍中并没有文字记录，我们是通过出土文献获知的。江陵秦家嘴楚墓M1、M13、M99都出土了竹简。从事发掘的考古学者认为，"其下限年代当在战国晚期早段，

---

① 《史记》卷六八《商君列传》，第2236—2237页。
② 谭其骧主编《中国历史地图集》第1册，地图出版社，1982年，第43—44页，第35—36页。
③ 王子今：《武关·武候·武关候：论战国秦汉武关位置与武关道走向》，《中国历史地理论丛》2018年第1期。

29

即公元前278年以前"①。M1出土的第一简可见"周客"。M99出土的第15简记录道："秦客公孙鞅聘于楚之岁，八月庚子之日，野以其有病之。"据晏昌贵的判断："'公孙鞅'即'商鞅'……此条纪年当在前356年至前340年之间。"②江陵天星观1号墓出土的竹简也有记录"秦客公孙紾（鞅）"曾经在楚地有所活动的简文："秦客公孙紾（鞅）闻（问）王于郢之岁。"③

这两条简文，前例称"秦客公孙鞅聘于楚"，后者言"秦客公孙紾（鞅）闻（问）王"，应当都是商鞅作为国家外交代表在从事高层次的活动。简文中的"秦客公孙鞅""秦客公孙紾"，应当就是商鞅。这两条简文，提供了反映商鞅以"秦客"身份在楚地活动的重要史料。商鞅很可能由武关道入楚，经过他的封地商邑，交通是比较近便的。④

---

① 荆沙铁路考古队：《江陵秦家咀楚墓发掘简报》，《江汉考古》1988年第2期。
② 晏昌贵：《秦家嘴"卜筮祭祷"简释文辑校》，《湖北大学学报》（哲学社会科学版）2005年第1期。
③ 湖北省荆州地区博物馆：《江陵天星观1号楚墓》，《考古学报》1982年第1期。
④ 王子今：《楚简所见东周交往史中的"秦客公孙鞅"》，《湖南省博物馆馆刊》第16辑，岳麓书社，2020年；《考古发现与秦史古籍研究的进步》，《中国社会科学报》2022年7月1日，第5版。

三　楚女的婚车

## 6. 武关道秦楚交通史

武关道是上古时代联系秦地和楚地的重要通道。由江汉平原至关中平原,这是最方便的路线。历史地理学者史念海曾经论证,此即"秦始皇二十八年北归及三十七年南游之途也"[①]。秦始皇二十八年(前219)之行,得到睡虎地秦简《编年记》"【廿八年】,今过安陆"(三五贰)[②]的证实。

在统一战争进行期间,秦王政有过三次出巡。[③] 其中秦王政二十三年(前224),"秦王游至郢陈"[④],很可能也经由此道。

也就是说,这条道路秦始皇或许曾三次经行。

秦末,刘邦由这条道路先项羽入关。《史记·货殖列传》说"南阳西通武关"[⑤],正如有的学者所指出的,因南阳地方"成为当时联络南北地区的最大商业城市和经济重心",故武关道形成"交通盛况"。[⑥] 这条道路在历史上发生重要作用的

---

① 史念海:《秦汉时代国内之交通路线》,《文史杂志》第3卷第1、2期,收入《河山集》四集,陕西师范大学出版社,1991年。
② 睡虎地秦墓竹简整理小组:《睡虎地秦墓竹简》,文物出版社,1990年,释文注释第7页。
③ 王子今:《论秦王政"之河南""之邯郸""游至郢陈"》,《咸阳师范学院学报》2017年第5期。
④ 《史记》卷六《秦始皇本纪》,第234页。
⑤ 《史记》卷一二九《货殖列传》,第3269页。
⑥ 王文楚:《历史时期南阳盆地与中原地区间的交通发展》,《古代交通地理丛考》,中华书局,1996年,第4—5页。

另一件实例,是汉景帝时代周亚夫出征平定吴楚七国之乱。汉文帝视察周亚夫屯驻的细柳营,体会其治军之严时曾经感叹道:"嗟乎,此真将军矣!"于是汉文帝临终时,对太子有周亚夫可以在危难时将兵的告诫。汉文帝去世,汉景帝即位后即拜周亚夫为车骑将军。吴楚七国之乱时,汉景帝任用周亚夫为太尉,让其作为最高统帅,前往东方平定叛乱。周亚夫乘坐当时驰传系统中等级最高的"六乘传"出发平叛。

"六乘传"见诸史籍只有两例,另一例是汉文帝以代王身份入长安继承帝位时,曾经乘坐"六乘传"[①]。周亚夫行至长安以东的霸上,赵涉阻拦车队,劝告说:吴王长期以来财力雄厚,豢养了一批敢死之士。现在知道将军将要东行,一定会派遣间谍刺客潜伏于崤山、渑池地方的崇山险道之间等待。而且兵事神秘,军机不宜泄露,将军何不由此折向右行,走蓝田(今陕西蓝田西),出武关(今陕西商南南),抵雒阳(今河南洛阳),行程相差不过一两天。至雒阳后,直入武库,击鸣鼓,东方诸侯闻之,将以为将军从天而降也。赵涉的建议,不仅能够避开吴王派遣的刺客,而且有利于保守军事机密,可以予叛军以突然的震撼。周亚夫采纳了赵涉的建议,从武关道迂回抵达雒阳。他派人搜查崤山、渑池之间,

---

① 《史记》卷九《吕太后本纪》,第411页。

果然发现了吴王派置的伏兵。周亚夫以赵涉建议得正确，向汉景帝推荐他，任用他为护军。

武关道作为一条重要的道路，对其的记载最初见于《后汉书·王允传》。王允见董卓扰乱朝纲，祸害社会，于是密谋诛杀之。他建议任命护羌校尉杨瓒行左将军事，执金吾士孙瑞为南阳太守，一同率兵出武关道。这次军队调动以讨伐袁术为名，实际上是准备分路征董卓。但是这一计谋似乎被董卓识破，计划没有能够实现。[1]

另一处记载，见于《三国志·魏书·张鲁传》裴松之注引《魏略》。其中写道，蓝田人刘雄鸣在东汉末年的动乱中聚集了武装力量，被州郡地方政府任命为小将，被马超击破后，归顺曹操。曹操建议朝廷拜刘雄鸣为将军，希望他召集部党，安定一方。然而其部党不愿意归于曹操，于是刘雄鸣又叛离。其力量逐渐壮大，有众数千人，控制了武关道口，最终为夏侯渊击溃。[2]

7. 另一位著名楚女的北上道路

在后来成为宣太后的芈姓楚女出嫁秦国大约三百年后，在中国历史上也许知名度更高的另一位楚女，也经过这条道

---

[1] 〔南朝·宋〕范晔撰：《后汉书》卷六六《陈王列传》，〔唐〕李贤等注，中华书局，1965年，第2175页。
[2] 《三国志》卷八《魏书八》，第266页。

路从楚地来到关中长安,她就是远嫁匈奴的王昭君。① 王昭君是以"郡国献女"的形式至长安入宫的,② 沿途交通方式应当充分利用了汉代已经非常完备的驿传系统。

秦及西汉前期的简牍资料为认识当时南郡、洞庭郡地方的驿传交通体系提供了很好的条件。③ 而江汉地区更早被秦人征服,交通通信系统的建设有更好的基础。秦始皇反复经行南郡,至"湘山"则有特殊表现④,也可以看作这一情形的反映。

鄂君启节文字和清华简《楚居》有关于这一地区早期交通的信息。对于包山楚简、睡虎地秦简、龙岗秦简、里耶秦简、岳麓秦简、周家台秦简、北大秦简、张家山汉简中的相

---

① 王子今:《关于王昭君北行路线的推定》,《西北大学学报》(哲学社会科学版)2014年第3期。
② 《汉书》卷九《元帝纪》:"竟宁元年春正月,匈奴虖韩邪单于来朝。诏曰:'匈奴郅支单于背叛礼义,既伏其辜,虖韩邪单于不忘恩德,乡慕礼义,复修朝贺之礼,愿保塞传之无穷,边垂长无兵革之事。其改元为竟宁,赐单于待诏掖庭王樯为阏氏。'"颜师古注:"应劭曰:'郡国献女未御见,须命于掖庭,故曰待诏。王樯,王氏女,名樯,字昭君。'文颖曰:'本南郡秭归人也。'苏林曰:'阏氏音焉支,如汉皇后也。'"
③ 王子今:《秦汉时期湘江洞庭水路邮驿的初步考察——以里耶秦简和张家山汉简为视窗》,《湖南社会科学》2004年第5期。
④ 《史记》卷六《秦始皇本纪》:"始皇还,……乃西南渡淮水,之衡山、南郡。浮江,至湘山祠。逢大风,几不得渡。上问博士曰:'湘君何神?'博士对曰:'闻之,尧女,舜之妻,而葬此。'于是始皇大怒,使刑徒三千人皆伐湘山树,赭其山。上自南郡由武关归。"

三 楚女的婚车

关内容，已经有学者进行过战国秦汉交通路线的考察。① 讨论中对地名的判定和路线的分析存在不同意见，佴是相关探索依然深化了我们对江汉地方交通结构的认识。辛德勇有关这一主题进行的全面细致的研究，可以为考察王昭君经行路线提供更重要的参考。② 所论交通线路的选择在有的地段或有多种可能的情形，也许需要进一步的思索方能得出接近历史真实的判断。马非百据《史记·高祖本纪》陈恢说刘邦曰"宛，大郡之都也……积蓄多"，认为这里有重要的粮仓，用于通过武关一路向关中转运粮食："宛仓者，亦京师漕运之一路矣。"③辛德勇则说："马氏所说转运路径需要穿越秦岭山脉，山高路险，艰难至极，非万不得已，似难以为之。"他考论武庚至阆荡路线，以为应由宛北上洛阳，"秦朝南郡及其迤南很多地区输送给朝廷的粮食以及刍稿等物资，至少有很大一部分，应该是经由这条通道漕运敖仓，或是在敖仓附近

---

① 黄盛璋：《关于鄂君启节地理考证与交通路线复原问题》，《中华文史论丛》第5辑，收入《历史地理论集》，人民出版社，1982年；黄盛璋：《再论鄂君启节交通路线复原与历史地理问题》，《安徽史学》1988年第2期；赵平安：《〈楚居〉"为郢"考》，《中国史研究》2012年第4期；陈伟：《岳麓秦简〈三十五年质日〉地名小考》，《历史地理》第26辑。
② 辛德勇：《北京大学藏秦水陆里程简册初步研究》，《出土文献》第4辑，中西书局，2013年。
③ 马非百：《秦集史》，中华书局，1982年，第945—950页。

再转而向西运送"，而并非"穿越秦岭险阻，经由武关，直接输往关中"。① 然而就驿传通路而言，自宛西北至长安，则显然不必迂回至洛阳。

由《史记·货殖列传》"南阳西通武关"可知，因南阳地方"成为当时联络南北地区的最大商业城市和经济重心"，这条道路形成"交通盛况"。② 王昭君至长安入宫，沿途应满足高度缜密和绝对安全的要求，必然依赖驿传体系的交通保障。经行武关道应当是合理的选择。而武关道的通行条件，当时已达到最高等级的水准。③

作为许多位出身楚地的美人北上往赴秦地的通路，武关道上经行过王室的车轮，闪动过丽人的倩影，飘荡过脂粉的香气，也保留了若干涉及区域史、亲族史、贵族妇女生活史与情感史的珍贵的历史记忆。

---

① 辛德勇：《北京大学藏秦水陆里程简册初步研究》。
② 王文楚：《历史时期南阳盆地与中原地区间的交通发展》，《古代交通地理丛考》，中华书局，1996年，第4—5页。
③ 参看王子今、焦南峰：《古武关道栈道遗迹调查简报》，《考古与文物》1986年第2期；王子今、周苏平、焦南峰：《陕西丹凤商邑遗址》，《考古》1989年第7期；王子今：《武关道蓝桥河栈道形制及设计通行能力的推想》，《栈道历史研究与3S技术应用国际学术研讨会论文集》，陕西人民教育出版社，2008年；《"武候"瓦当与战国秦汉武关道交通》，《文博》2013年第6期；王子今：《武关·武候·武关候：论战国秦汉武关位置与武关道走向》，《中国历史地理论丛》2018年第1期。

## 四　历史机遇和芈八子的表现

关于宣太后的少女时代，我们已经无从知晓她任何生活史和心态史的细节。大概推测，她很可能是楚国贵族的女儿，早年曾经受到楚文化的熏陶。

她来到秦惠文王身边，起初并没有得到王后的位子。她以"八子"身份，在秦王宫廷中侍奉秦国君主。

1. "芈八子"名号

《史记·穰侯列传》说，宣太后"其先楚人，姓芈氏"，"故号为芈八子，及昭王即位，芈八子号为宣太后"。①

关于"芈八子"名号，《资治通鉴》卷三"周赧王八年"有"昭襄王母芈八子，楚女也，实宣太后"的记载。按照胡三省

---

① 《史记》卷七二《穰侯列传》，第2323页。

的说法，"八子"是秦汉后宫女子等级之一，地位次于"后""夫人""美人""良人"。汉代制度，"八子"地位相当于俸禄"二千石"的官员，爵位等级相当于二十等爵制中的第十三等"中更"。[1]"汉因秦制"的说法是正确的。在芈八子的时代，这一制度应当已经形成。

2. 后宫制度中"八子"的地位

和芈八子在昭王即位后号为"宣太后"的晋升路径相同，秦昭襄王在即位五十六年之后去世，其子孝文王立，秦孝文王的母亲"唐八子"也成为"唐太后"。裴骃《集解》解释"唐八子"："徐广曰：'八子者，妾媵之号，姓唐。'"张守节《正义》写道："孝文王之母也。先死，故尊之。晋灼云：'除皇后，自昭仪以下，秩至百石，凡十四等。'《汉书·外戚传》云：'八子视千石，比中更。'"[2]

秦孝文王的生母唐八子在孝文王即位之后，同样以"八子"身份成为太后。她由于早卒，未能如同芈八子那样参与国政，掌握权力。

刘邦建国之初，在后宫里，有吕后和她的情敌戚夫人的激烈争斗。《史记·吕太后本纪》说到戚夫人来到刘邦身边，

---

[1] 〔宋〕司马光编著：《资治通鉴》，〔元〕胡三省音注，"标点资治通鉴小组"校点，中华书局，1956年，第103—104页。
[2] 《史记》卷五《秦本纪》，第218—219页。

## 四　历史机遇和芈八子的表现

不得不卷入与吕后情斗的经历。吕后与刘邦为贫贱夫妻,生有孝惠帝和鲁元公主。刘邦为汉王时得到定陶戚姬,生赵隐王如意。刘邦觉得孝惠帝性情柔弱,"常欲废太子,立戚姬子如意"。得到宠爱的戚姬陪侍刘邦左右,常"日夜啼泣,欲立其子代太子"。吕后年长,与刘邦长久不见,情感益疏。如意被立为赵王后,多次差点取代太子。幸好有大臣支持,又有张良献策,孝惠帝才没有被废。关于"戚姬",裴骃《集解》引录了如淳的说法:"姬音怡,众妾之总称也。《汉官仪》曰'姬妾数百'。"又引苏林的说法:"清河国有妃里,而题门作'姬'。"又引瓒曰:"《汉秩禄令》及《茂陵书》,姬,内官也,秩比二千石,位次健伃下,在七子、八子之上。"这里说到了在后宫等级秩序中"八子"的地位。司马贞《索隐》则说:"如淳音怡,非也。《茂陵书》曰'姬是内官',是矣,然官号及妇人通称姬者,姬,周之姓,所以《左传》称伯姬、叔姬,以言天子之宗女,贵于他姓,故遂以姬为妇人美号。故《诗》曰'虽有姬姜,不弃憔悴'是也。"①

汉文帝在遗诏中交代自己的后事时,重申薄葬的原则,命令丧事从简,又叮嘱遣散后宫女子:"归夫人以下至少使。"对于这一要求的理解,裴骃《集解》引录应劭之说:"夫

---

① 《史记》卷九《吕太后本纪》,第395—396页。

人以下有美人、良人、八子、七子、长使、少使，凡七辈，皆遣归家，重绝人类也。"①也说到了"八子"在"夫人以下至少使""七辈"等级中的位次，恰好居中，在第四级别。

汉代诸侯王后宫也有"八子"。比如《汉书·高五王传·燕灵王刘建》写道："五凤中，青州刺史奏终古使所爱奴与八子及诸御婢奸"，又有"事下丞相御史，奏终古位诸侯王，以令置八子，秩比六百石，所以广嗣重祖也"的记载。颜师古注引如淳曰："八子，妾号。"②又如《汉书·景十三王传·江都易王刘非》："宫人姬八子有过者，辄令裸立击鼓，……"颜师古注："八子，姬妾官名也。裸者，露其形。"③《汉书·武五子传·广陵厉王刘胥》："使所幸八子郭昭君、家人子赵左君等鼓瑟歌舞。"又写道："及八子郭昭君等二人皆自杀。"④关于"八子"的等级，《汉书·外戚传上》说："又有美人、良人、八子、七子、长使、少使之号焉。"又说："八子视千石，比中更。"⑤可见战国至于秦汉相关制度的沿袭。《后汉书·皇后纪》写道："秦并天下，多自骄大，宫备七国，爵列八品。汉兴，因循其号，而妇制莫釐。""自武、元之后，世增淫费，

---

① 《史记》卷十《孝文本纪》，第434—435页。
② 《汉书》卷三八《高五王传》，第2001页。
③ 《汉书》卷五三《景十三王传》，第2416页。
④ 《汉书》卷六三《武五子传》，第2762页。
⑤ 《汉书》卷九七《外戚传》，第3935页。

## 四 历史机遇和芈八子的表现

至乃掖庭三千,增级十四。"关于由秦而汉的"妇制",李贤注:"《前书》曰:'汉兴,因秦之称号,正嫡称皇后,妾皆称夫人,又有美人、良人、八子、七子、长使、少使之号。'"对于西汉后期所谓"增级十四",李贤说:"婕妤一,娙娥二,容华三,充衣四,以上武帝置;昭仪五,元帝置;美人六,良人七,七子八,八子九,长使十,少使十一,五官十二,顺常十三,无涓、共和、娱灵、保林、良使、夜者十四,此六官品秩同为一等也。"①《后汉书·班彪列传》李贤注也说:"《前书》曰:'汉兴,因秦之称号,正嫡称皇后,妾皆称夫人。凡十四等,有昭仪、婕妤、娙娥、㛉华、美人、八子、充衣、七子、良人、长使、少使、五官、顺常,是为十三等。又有无涓、共和、娱灵、保林、良使、夜者,秩禄同,共为一等,合十四位也。'"②字句略有差异。

《汉书·外戚传下》可见"田八子"③。这是和战国时期秦王后宫"芈八子""唐八子"同样的称谓形式。

3. 八子者,妾媵之号

芈八子并非秦惠文王的正妻,按照秦汉时代的称谓习惯,她的身份或许大致相当于战国秦汉时期民间社会所谓

---

① 《后汉书》卷十《皇后纪》,第399页。
② 《后汉书》卷四〇《班彪列传》,第1341页。
③ 《汉书》卷九七《外戚传》,第3977页。

图 4-1 武关道蓝桥河栈道遗迹一

图 4-2 武关道蓝桥河栈道遗迹二

"偏妻""下妻""小妻"。① 当然，在任何历史阶段，社会上层特权表现之一的多妻现象，是不能用平民社会中的多妻简单类比的。

芈八子在秦国政治权力体系中本来没有重要的地位。不过，在秦史进程的关键时段，出现了特殊的机遇。这位女子清醒地判断形势，及时地做出抉择，在得到有力辅佐的条件下，终于在权力争夺中成功胜出。

秦孝公在推行改革之后去世，秦惠文王即位。后来的宣太后就是由于成为秦惠文王的配偶而进入秦宫廷的。

4. 秦惠文王：诸侯称"王"第一人

秦惠文王是秦国第一位称王的君主。《史记·周本纪》记载了周王朝与秦惠文王的关系：

> (周显王)三十三年，贺秦惠王。
> 三十五年，致文武胙于秦惠王。
> 四十四年，秦惠王称王。其后诸侯皆为王。

张守节《正义》指出，《史记·秦本纪》记载："惠王十三年，

---

① 王子今：《"偏妻""下妻"考——张家山汉简〈二年律令〉研读札记》，《华学》第6辑，紫禁城出版社，2003年；《论走马楼简所见"小妻"——兼说两汉三国社会的多妻现象》，《学术月刊》2004年第10期。

与韩、魏、赵并称王。"①不过我们现在看到的《史记·秦本纪》的文字不见这一记载,也没有明确记录秦惠文王称王的年代,只是说到这一时期齐、魏、韩的君主相继称王。大概《史记·周本纪》的记载是可信的,即:"(周显王)四十四年,秦惠王称王。"②

秦惠文王是第一位正式"称王"的秦国君主,也是列国政治领袖此后"皆为王"的先行者。也就是说,秦惠文王是战国列强中的第一位"王"。

杨宽《战国史》对于"秦惠文君称王"有比较突出的记述,对于他首先"初腊,会龙门"的政治表现也予以重视:"公元前三二六年秦'初腊,会龙门'(《六国年表》,《秦本纪》只作'初腊')。腊祭是冬季酬谢有关收获的鬼神的祭祀,具有庆祝丰收、慰劳劳动人民的意义,这是个群众展开娱乐活动的节日,男女齐集,全国人民热烈参与的。这年秦开始举行腊祭,并在龙门(今陕西韩城东北)集会。龙门是黄河上游的神圣之地,两岸峭壁对峙,形同阙门,传说为夏禹治水时开凿。黄河上游原是河宗氏等部族'游居'之地(见《穆天子传》),从这年起,举行腊祭而在龙门集会,有其特殊意义。

---

① 《史记》卷四《周本纪》,第160页。
② 《史记》卷四《周本纪》,第160页。

因为秦新得河西郡和上郡，这一带原是游牧于黄河上游的戎狄部族的'游居'之地，秦要和这些戎狄部族友好相处，借此可以联欢。"杨宽的分析，将河西郡和上郡的占有以及与北方戎狄的友好关系与称王之事联系起来，是值得注意的。

杨宽又将秦惠文王前往"北河"的行旅与后来秦昭王同样方向的视察联系起来。他写道："此后六年（秦惠文王更元五年）'王北游戎地至河上'（《六国年表》，《秦本纪》作'王游至北河'，《正义》：'王游观北河，至灵夏州之黄河也'）。这就是秦和河上戎族相处友好的结果。后来秦昭襄王二十年又到上郡、北河（《秦本纪》）。秦这个'初腊，会龙门'的设施，主要目的就在于巩固新得河西郡和上郡的统治，加强与周围游牧族的戎狄的联系。"

"初腊，会龙门"的行为，有可能意在谋求河神与作为"腊祭"之对象的神灵的庇护。"初腊，会龙门"与"称王"的联系，或许可以理解为当时秦人政治神学的表现。

关于"称王"的礼仪，杨宽写道："公元前三二五年四月戊午（初四）秦惠文君举行称'王'的仪式，按照齐、魏'会徐州相王'的先例，邀请魏、韩之君入秦朝见，推尊秦君为王，同时秦王也承认魏、韩二君的王号，而且魏、韩二君还当场为秦王驾御作为称王标识的坐车，如同魏惠王在逢泽之会称王那样的'乘夏车，称夏王'。以前逢泽之会有泗上十二诸侯参加朝见。估计这次秦君称王的仪式上,也还有许多戎狄之君来朝。《后汉书·西羌传》说:'秦孝公立,威服戎羌,使太子驷率戎狄九十二国朝周显王。'秦孝公时既然有太子驷率许多戎狄之君朝见天子,这时太子驷(即秦惠文君)自己称王,当然必须有许多戎狄之君来朝。上年的'会龙门',必然曾招徕许多戎狄之君参加,为此次称王仪式作好准备。"①

5."智者不失时"

秦献公时,周太史儋见秦献公,发表了关于秦国与周王朝关系演进的历史预言:"秦始与周合,合而离,五百岁当复合,合十七年而霸王出焉。"②据《史记·封禅书》司马贞《索隐》,孟康认为这位"周太史儋"就是老子,韦昭推定年代,指出此人并非老子。张守节《正义》又解释说:"十七年霸王出焉者,谓从秦孝公三年至十九年,周显王致伯于秦孝公,是霸出也;至惠王称王,王者出焉。"③

由"霸"而"王",体现了秦国国家实力的增强和国家威望的腾升。这一进步,是在秦惠文王执政期间实现的。也就在这一时期,芈八子跻身于秦国王族集团,介入了秦国高层政治生活,熟悉了秦国社会文化礼俗,参与了秦国国家行政操作。

---

① 杨宽:《战国史》(增订本),上海人民出版社,1998年,第348—350页。
② 《史记》卷二八《封禅书》,第1364—1365页。
③ 《史记》卷七二《穰侯列传》,第1365页。

## 四　历史机遇和芈八子的表现

秦惠文王去世之后,秦国经历了秦武王的短暂统治。秦武王意外丧生,芈八子积极促成自己的儿子嬴稷即位。她以"太后"身份专权,使秦史进入了可以被称为"宣太后时代"的重要历史阶段。

《史记·穰侯列传》记述了相关历史情节。秦武王死后,由于没有子嗣,其弟嬴稷被立为昭王。秦昭王的母亲就是此前号为"芈八子"的女人。宣太后并非秦武王的生母。秦武王的母亲号曰"惠文后",在秦武王去世之前就已经死去。宣太后是依靠家族势力促成秦昭王取得王位的。她有两个弟弟,均在秦国拥有政治实力。其异父长弟是穰侯,姓魏氏,名冉;同父弟叫作芈戎,为华阳君,后来为新城君。此外,昭王同母弟高陵君悝、泾阳君芾,也都是秦国贵族。其中魏冉最为贤能,他在秦惠文王时代和秦武王时代都曾经任职用事,积累了相当丰富的政治经验。

据《史记·秦本纪》,秦武王意外逝世,诸弟争立,魏冉依靠政治经验和政治实力拥立昭王。昭王即位后,任命魏冉为将军,卫成都城咸阳。秦昭王即位的第二年,庶长壮与大臣公子试图夺取最高执政权,皆被处死。史称"诛季君之乱"[①]的这场政治变故,告诉我们秦昭王权力地位的确立,是

---

① 《史记》卷七二《穰侯列传》,第2323页。

经过流血斗争的。后来，昭王又将秦武王的王后驱逐到魏国，诸兄弟不顺从者皆灭之，于是宣太后控制了政治局势，势力威震秦国："昭王少，宣太后自治，任魏冉为政。"①

司马迁曾经引子贡的话说："智者不失时。"②就是说，明智的人应当识时务，能发现和把握机会。芈八子在秦武王去世，秦国政治权力出现短暂空缺，"时间不容息"的关键时节，解决了"秦内乱"的严重危机，确立了以太后身份自治的新的政治格局，为后来"立功名于天下"准备了基本的条件。

芈八子的儿子嬴稷之所以能够成为秦国的君主，有复杂的因素。芈八子设计的曲折路径，使嬴稷艰难地登上了国君的宝座。

秦武王去世时，嬴稷作为人质远在燕国。燕国送嬴稷回到秦国，使其得以即秦王位。在此过程中，他也得到了赵国的帮助。《资治通鉴》卷三"周赧王八年"记载："武王无子，异母嬴稷为质于燕，国人逆而立之。"胡三省注："逆，迎也。"也就是说国人迎而立之。从这样的记载看来，嬴稷之所以得立，是得到国人支持的。

### 6. 与楚交好

尽管秦昭王即位得到了赵国和燕国的有效助力，然而作

---

① 《史记》卷七二《穰侯列传》，第2323页。
② 《史记》卷六七《仲尼弟子列传》，第2198页。

## 四 历史机遇和芈八子的表现

为出身楚地的女子，宣太后在全面掌握国家权力的初期，似乎更为重视借助楚国的国力，以之作为秦昭王地位的某种支撑。

宣太后执政初期，有这样几个引人注目的外交动作，使得秦楚关系密切起来：（楚怀王）二十四年（即秦昭王二年），"秦来迎妇"[1]；（秦昭王）"三年，王冠，与楚王会黄棘，与楚上庸"；（秦昭王十二年）"予楚粟五万石"[2]。这些举措值得特别注意。

秦昭王即位的第二年，在尚未行冠礼的年龄，即往楚国迎娶楚女，次年与楚怀王会见，并将此前占领的楚上庸之地归还楚国。这是对秦昭王第一次出国行旅的记载。而秦昭王十二年（前295）"予楚粟五万石"，则是战国时最大规模的国际物资运输，是以大规模的物资运输方式维护两匡友好关系的行为。这些表现，都突出显示了秦国和楚国交好的外交动向。

战国中晚期，在秦国君主的出行记录中，秦惠文王出行六次，秦武王出行二次，秦昭王出行十六次，秦王政出行三次。秦昭王的出行，有十一次是会见韩王（二次）、赵王（二

---

[1] 《史记》卷一五《六国年表》，第735页。
[2] 《史记》卷五《秦本纪》，第210页。

次)、魏王(二次)、楚王(五次)。其中,他与楚王会见次数最多。

秦昭王时代与楚国的高层外交活动最为频繁,这应当与宣太后出身楚国有一定关系。

不过秦昭王六年(前301)联合韩、魏、齐"伐楚""击楚"①,则是一次外交史与军事史上的反复。

---

① 《史记》卷一五《六国年表》,第736页。

## 五　古史第一位"太后"

秦武王没有子嗣，秦昭王以兄终弟及的程序继立，芈八子在实际上把握了国家权力，秦史走进了宣太后时代。

### 1. 正说秦武王

公元前311年，秦惠文王去世，秦武王即位。秦武王是秦国第二代称"王"的君主，他在执政的第四年与力士"举鼎"，因意外事故致胫骨骨折而去世。

由于秦武王执政时期短暂，有的论著对他的执政能力颇多贬低。例如有这样的评判："秦武王没有什么雄才大略，只是个任性逞强的人。"甚至他"窥周室"的政治雄心，也被理解为"一心想观赏周天子宫室"。[①] 然而马非百在《秦集史》之

---

① 何汉：《秦史述评》，黄山书社，1986年，第134页。

《国君纪事十六·武王》中正确地指出："武王在位仅四年，而其在秦国统一运动上所建立之伟绩，厥有二端。其一为丞相制度之创立，其二为宜阳之再次攻拔。""（宜阳）亦张仪取陕后韩国对秦之最后一道防线也。渑池、二殽，皆在宜阳境内，为控扼之要道。秦人如欲向东发展，此地实为其必由之门户。"[①]所以张仪说："秦攻新城、宜阳，以临二周之郊，诛周王之罪，侵楚、魏之地。周自知不能救，九鼎宝器必出。据九鼎，案图籍，挟天子以令于天下，天下莫敢不听，此王业也。"[②]对于秦武王，马非百还评价道："武王竟藉与韩言和之便，亲至于周，实现其'车通三川，进窥周室'之初愿。使非以有力好戏之故，以致绝膑而死，其前途实未可量也！"[③]

自公元前310年至前307年，秦武王在位四年。对于秦武王的政治表现，《史记·秦本纪》的记载只有约150字，然而这位君王的性格、作风与志向，在短暂政治生命中参与盟会、策动征伐的实践，以及政治制度方面的发明，等等，都留下了珍贵的记录：

> 武王元年，与魏惠王会临晋。诛蜀相壮。张仪、魏

---

① 马非百：《秦集史》，第61页。
② 《史记》卷七〇《张仪列传》，第2282页。
③ 马非百：《秦集史》，第63页。

## 五 古史第一位"太后"

章皆东出之魏。伐义渠、丹、犁。二年，初置丞相，樗里疾、甘茂为左右丞相。张仪死于魏。三年，与韩襄王会临晋外。南公揭卒，樗里疾相韩。武王谓甘茂曰："寡人欲容车通三川，窥周室，死不恨矣。"其秋，使甘茂、庶长封伐宜阳。四年，拔宜阳，斩首六万。涉河，城武遂。魏太子来朝。武王有力好戏，力士任鄙、乌获、孟说皆至大官。王与孟说举鼎，绝膑。八月，武王死。①

有的学者这样分析秦武王攻克宜阳，到达洛阳的意义："武王四年（前307），秦军攻战韩国的宜阳（今山西垣曲附近）。宜阳是中原的重镇，攻下宜阳通三川之路就打通了。武王到达洛阳，实现了窥周室的愿望，秦国势力开始深入中原。"② 此说认为"宜阳"的位置在"今山西垣曲附近"，这是错误的。宜阳，地在今河南宜阳西。③

"武王有力好戏"，"力士任鄙、乌获、孟说皆至大官"，可知"力士"们同时从政，负有高层管理责任。这一情形大概并不能说明秦武王是无能的昏主。"好力"其实是秦文化的传

---

① 《史记》卷五《秦本纪》，第209页。
② 王云度、张文立主编《秦帝国史》，陕西人民教育出版社，1997年，第18页。
③ 谭其骧主编《中国历史地图集》第1册，第35—36页。

统倾向。上古"力士"的出现，反映了当时社会在生产和生活中，因抗争自然和群体竞进需要，对于个人体能强健的普遍追求。"力士"受到尊崇，有人将其看作体育史、竞技史和杂技表演史的早期表现。"力士"故事在秦史中密集出现以及"力士"曾在秦国居于高位的情形，恰好从一个特殊的侧面反映了秦文化的"尚力"传统。

马非百《秦集史·人物传十九》可以读作杜回、孟说、乌获、任鄙列传，后三位就是秦武王时期参与国家高级行政的力士。[1] 王蘧常《秦史》有《三力传》，与《二老传》《三帅传》《三良传》并列，总结了"力士任鄙、乌获、孟说"的事迹，成书在《秦集史》后，史料收录似更为完整准确。对于孟说，王蘧常《秦史》作"孟贲"[2]。《论衡·儒增》"多力之人，莫若孟贲"[3]，也是值得注意的说法。《史记·商君列传》载录赵良对商鞅行政的批评，其中有这样一句话："多力而骈胁者为骖乘，持矛而操阘戟者旁车而趋。"[4]指出秦孝公时期商鞅这样的主政高官，身边也有"多力"者做侍从。秦始皇时代对秦武王所信用的著名力士能力的尊信，依然有所表现。如《水

---

[1] 马非百：《秦集史》，第367—370页。
[2] 王蘧常：《秦史》，上海古籍出版社，2000年，第180—181页。
[3] 黄晖撰：《论衡校释》，中华书局，1990年，第373页。
[4] 《史记》卷六八《商君列传》，第2235页。

五 古史第一位"太后"

经注》卷一九《渭水》记载:"秦始皇造桥,铁锁重不胜。故刻石作力士孟贲等像以祭之,锁乃可移动也。"①

马非百分析秦力士的历史作用时这样写道:"吕不韦书言:'以众勇,无畏乎孟贲矣。以众力,无畏乎乌获矣。'故项羽谓'剑一人敌不足学,学万人敌'。夫以贲、获之勇力,使其能学万人敌,其所成,岂在白起、王翦下哉!"②可以体会到,白起、王翦等名将在军事竞争中显示的强势,是以普通军人"众勇""众力"的艰苦奋战为基础的。马非百引"吕不韦书言"见《吕氏春秋·用众》:"天下无粹白之狐,而有粹白之裘,取之众白也。夫取于众,此三皇、五帝之所以大立功名也。凡君之所以立,出乎众也。立已定而舍其众,是得其末而失其本。得其末而失其本,不闻安居。故以众勇无畏乎孟贲矣,以众力无畏乎乌获矣,以众视无畏乎离娄矣,以众知无畏乎尧、舜矣。夫以众者,此君人之大宝也。""孟贲"和"乌获"被视作"勇"与"力"的标范。又写道:"田骈谓齐王曰:'孟贲庶乎患术,而边境弗患;楚、魏之王,辞言不说,而境内已修备矣,兵士已修用矣;得之众也。'"③可见秦国开

---

① 《水经注校证》,第452页。
② 马非百:《秦集史》,第368页。
③ 许维遹撰,梁运华整理:《吕氏春秋集释》,中华书局,2009年,第102页。

明的政治领袖明白"用众"的道理，而提高孟贲、乌获等"力士"的地位以实现其引领社会风习的作用，也是聪明的策略。

王蘧常认为："秦起西垂，多戎患，故其民朴实坚悍，尚气概，先勇力。读《小戎》《驷驖》《无衣》诸诗，其风声气俗盖由来久矣。商君资之更法，以强兵力农，卒立秦大一统之基。悼武王有力，以身率，尚武之风益盛。上有好者，下必有甚焉者矣。"①所谓"尚气概，先勇力"，是秦民俗传统风格。而执政者出于政治军事追求的导向性政策，更促成了这种文化特质的显性历史作用。

"强兵力农"的法令制度，是秦最终大一统的根基。在这样的历史进程中，秦武王以身作则、崇尚勇力是重要的，"三力"榜样性的勇力模范作用也是重要的。多种因素导致"尚武之风益盛"，是秦国军力强劲、一往无前，终于实现统一的决定性条件。

在指导秦国政治方向的法家论著中，对"力"的推崇尤为鲜明。《商君书·农战》强调"教民"的重要，行政者引导民风，期望"民朴""作壹""民朴则不淫……作壹则民不偷营。民不偷营，则多力，多力则国强"。而民力也就是国力。"上作壹，故民不偷营，则国力抟。国力抟者强。""抟民力以待

---

① 王蘧常：《秦史》，第180页。

五　古史第一位"太后"

外事，然后患可以去，而王可以致也。"积蓄与提升国力的关键在于"农"："治国者欲民之农也。国不农，则与诸侯争权，不能自持也，则众力不足也。"①法家同时重视调整阶级关系，建立健全法制，认为"刑生力，力生强，强生威，威生德，德生于刑"②。"作一则力抟，力抟则强。强而用，重强。故能生力，能杀力，曰攻敌之国，必强。塞私道以穷其志，启一门以致其欲，使民必先其所恶，然后致其所欲，故力多。"③其中有关"生力""杀力"的说法，体现了富有战略意义的执政理念，值得我们注意。"杀力"，就是要将民力与国力投入兼并战争之中。

《商君书·壹言》又强调"治国能抟民力而壹民务者，强"，"夫圣人之治国也，能抟力，能杀力"。"治国者，其抟力也，以富国强兵也；其杀力也，以事敌劝民也。""力多而

---

① 高亨注译：《商君书注译》，中华书局，1974年，第31—32页，第37页。这一篇讲"明君修政作壹，去无用，止浮学事淫之民，壹之农，然后国家可富，而民力可抟也"，否定文化与经济的"无用"诸事，体现了高度实用的原则。这是秦政的弊害。王子今：《秦文化的实用之风》，《光明日报》2013年7月15日，第15版；《秦"功用"追求的极端性及其文化影响》，《陕西历史博物馆馆刊》第20辑，三秦出版社，2013年。
② 高亨注："按《去强篇》：'刑生力，力生强，强生威，威生惠，惠生于力。'与此文略同。"高亨注译：《商君书注译》，第57页。
③ 高亨注译：《商君书注译》，第57页。

不攻，则有奸虱。故抟力以壹务也，杀力以攻敌也。"①《商君书·错法》也写道："为国而能使其民尽力以竞于功，则兵必强矣。"②秦国正是因为"能抟力，能杀力"而击破东方六国，实现了统一。秦武王"有力，以身率"，促成"尚武之风益盛"，对于秦国的强盛也是有积极意义的。③

秦武王在短暂的四年内，成功与魏王和韩王会盟，表达了"欲容车通三川，窥周室"的雄心，并出军拔取宜阳，逼近周王室所在的洛阳，对义渠也进行攻伐。④应当承认，对于秦国的持续进取与不断扩张，秦武王予以了积极有效的推进。

秦武王二年（前309）"初置丞相"，以"樗里疾、甘茂为左右丞相"⑤，这一举措是对后世有长久影响的重要的政制发明。而"伐义渠""窥周室"，也是后来秦昭王时"宰割天下，分裂河山"的历史先声。

## 2."宣太后自治，任魏冉为政"

秦武王意外去世，最高执政者人选的择定势必影响秦国

---

① 高亨注译：《商君书注译》，第81—83页。
② 高亨注译：《商君书注译》，第86—87页。
③ 王子今：《略说秦"力士"——兼及秦文化的"尚力"风格》，《秦汉研究》第7辑，陕西人民出版社，2013年。
④ 《史记》卷五《秦本纪》，第209页，
⑤ 《史记》卷五《秦本纪》，第209页。

## 五 古史第一位"太后"

图 5-1 "大后丞印"封泥

图 5-2
"大后行□"封泥

图 5-3
"大后□□"封泥

的政治走向。《史记·秦本纪》写道:"武王取魏女为后,无子。立异母弟,是为昭襄王。昭襄母楚人,姓芈氏,号宣太后。武王死时,昭襄王为质于燕,燕人送归,得立。"①

秦昭王即位之初尚是少年,由"宣太后自治,任魏冉为政"②。魏冉是宣太后的异父长弟,在惠王、武王时已经颇受重用,具有丰富的政治经验。宣太后与之合作,确定了秦昭

---

① 《史记》卷五《秦本纪》,第 209 页。
② 《史记》卷七二《穰侯列传》,第 2323 页。

王的地位，消除了权力交接时的政治危机，实现了国家的稳定。

姐弟两人发展的强势组合，果断平定了不同政治层面共同发起的叛乱，体现出他们的胆识、气魄和手段。宣太后刚刚执政即初露锋芒，秦史于是进入一个新的时代。在随后数十年的秦史记录中，这位女性以她的智慧和勇力进行政治经营、军事谋划和外交设计，取得了诸多成功。

3."太后之号，自秦昭王始"

"宣太后"名号，就现有资料看，是中国政治生活中出现"太后"称谓最早的实例。

宋代学者高承分析了"太后"一语最初的出现："《史记·秦本纪》曰：昭王母芈氏，号宣太后。王母于是始以为称。""是太后之号，自秦昭王始也。汉袭秦，故号'皇帝'，故亦尊母曰'皇太后'也。"[1]明代学者董斯张《广博物志》卷一一引《事物考》："秦昭王母芈氏，号宣太后。是太后之号始于此也。汉因秦故尊母曰'皇太后'。"[2]《氏史》卷九《统系门一》"太后"条也说："秦昭王母芈氏号宣太后。是太后之号自

---

[1] 〔宋〕高承撰：《事物纪原》，明弘治十八年魏氏仁实堂重刻正统本，第10页。
[2] 〔明〕董斯张撰：《广博物志》，清文渊阁《四库全书》本，第195页。

## 五 古史第一位"太后"

秦昭王始也。赵亦有太后用事之说。"①后世历朝多次出现的"太后"干政甚至主政的情形，其实也是自宣太后始。

不过，我们还不能说宣太后是中国历史上第一位影响政治方向的女子。此前曾有女性由于与君王的特殊关系干预政治操作的史例，如妺喜、妲己、褒姒等，后人以为"女祸之戒"②。

殷墟甲骨文资料中，有关于商王武丁一位名叫"妇好"的妻子多次率军与诸方作战的历史记录。郭沫若曾在分析殷墟卜辞中有关"帚某"的文例时指出："'帚'乃'婦'省。'妇好'乃武丁之妇，名常见，每有从事征伐之事。"③"帚"，一般认为是"妇"的省文。"帚某"地位尊贵，生时可参与兵食行政之权，死后与妣母同列于祀典，可知其应当是殷王的妃嫔。卜辞所见多位"帚某"，有学者认为都是武丁的配偶。"妇好"，是武丁的妻子，死后庙号为"辛"，即乙辛周祭卜辞中武丁的法定配偶"妣辛"。保存较完整、出土了丰富随葬器物的安阳殷墟五号墓，墓主"后辛"，就是这位妇好。武丁多妻，据卜辞资料统计，"共计六十四人之多"，所以又称"多帚"。④

---

① 〔清〕王初桐撰：《奁史》，清嘉庆刻本，第89页。
② 〔清〕高士奇撰：《左传纪事本末》卷一七《齐襄公之弑》，清文渊阁《四库全书》本，第87页。
③ 郭沫若：《殷契粹编》，科学出版社，1965年，第159页。
④ 胡厚宣：《殷代婚姻家族宗法生育制度考》，《甲骨学商史论丛》初集，河北教育出版社，2002年，第92—97页。

"多帚"，就是"多妇"。而有关这位妇好的卜辞，在殷墟出土的十余万片甲骨中，就有一百七八十条。武丁时代曾多次用兵征伐四方，巩固殷商政权，史称"高宗中兴"。在一系列军事活动中，妇好有引人注目的突出表现。甲骨卜辞记录，妇好曾经为武丁征集兵员。有的卜辞说明了妇好征兵的地点。有的卜辞内容还记录了"登人"之后，妇好为王出征的实例。如"伐土方"："贞王勿乎（呼）妇好往伐土方。"①（意为：王不命令妇好去征伐土方吗?）妇好还曾经担任征伐羌人的统帅："辛巳卜，贞登妇好三千登旅万，乎（呼）伐羌。"②这次伐羌的战役，妇好指挥的部众有一万三千人之多。妇好多次作为承担主要作战任务的部队统帅，和诸名将合作，率军万千，远征异族，屡屡获胜，这是中国军事史上值得重视的历史事实。已经确知以妇好为墓主的殷墟五号墓中，出土了一批"司母辛"组铜器，数量虽然并不多，但是非常重要，例如其中的两件大方鼎，大小仅次于"司母戊"大鼎。两件四足觥形制也极其别致罕见。此外，还出土石雕卧牛一件，上有"司辛"二字，可能是"司母辛"的省文。墓中出土的青铜器共六十余件，制作都较精致华美，质地厚重，随葬的大批玉器，

---

① 《库方二氏所藏甲骨卜辞》237。
② 《库方二氏所藏甲骨卜辞》310。

工艺水平令人惊异。精细的象牙雕刻品，也足见妇好地位之高贵。值得我们注意的是，墓中出土的青铜兵器多至一百三十余件，如钺、戈、镞、弓形器等。出土的精美玉器中也有加工成戈、矛、戚、钺、刀和斧等形状的装饰品。[①] 兵器的集中出土和仿兵器玉制品的发现，都与妇好长期的军事生涯相吻合。关于"帚某"率军征伐的事迹，郭沫若曾经举出四例，其中三例为"帚好"事迹，此外，还有其他"帚某"参与军事生活的史例。由此我们可以知道，妇好堪称常胜女将军。然而武丁时代率军远征的女性贵族，其实不只妇好一人。

当然，这些在政治、军事等方面影响历史进程的女性人物与史称"自治"的全面专权的宣太后有很多不同。秦史的宣太后时代，进取是显著的。宣太后在历史提供的舞台上进行了精彩的表演，她的历史表现在许多方面堪称第一，她对权力控制之全面，执政时段之长久，都是此前诸多参政甚至干政的女性无法比拟的。特别是她作为秦国最主要的执政者创立的功业，值得予以特别的关注。

### 4."惠文后"和"悼武王后"的命运

秦昭王的最高权位得以确定的宗法程序，我们还无法具

---

① 中国社会科学院考古研究所安阳工作队：《安阳殷墟五号墓的发掘》，《考古学报》1977年第2期。

体了解。据战国秦汉时期礼制通常规范，君王登基，应当有宗庙认可的正规程式。① 在秦昭王即位，宣太后之太后地位确立之初，秦国上层即见流血事变。"庶长壮与大臣、诸侯、公子为逆，皆诛，及惠文后皆不得良死。悼武王后出归魏。"对于"及惠文后皆不得良死"，裴骃《集解》："徐广曰：'迎妇于楚者。'"②

同一事变，司马光的记述说明了魏冉的作用。《资治通鉴》记载："秦宣太后异父弟曰穰侯魏冉，同父弟曰华阳君芈戎；王之同母弟曰高陵君、泾阳君。魏冉最贤，自惠王、武王时，任职用事。武王薨，诸弟争立，唯魏冉力能立昭王。昭王即位，以魏冉为将军，卫咸阳。是岁，庶长壮及大臣、诸公子谋作乱，魏冉诛之；及惠文后皆不得良死，悼武王后出居于魏，王兄弟不善者，魏冉皆灭之。王少，宣太后自治事，任魏冉为政，威震秦国。"所谓"及惠文后皆不得良死"，胡三省注："惠文后，昭王嫡母也。死于正命曰良死。"所谓"悼武王后出居于魏"，胡三省注："悼武王后，即秦武王后，昭王嫂也。"③

---

① 王子今：《"宗庙"与刘贺政治浮沉》，《河北师范大学学报》（哲学社会科学版）2020 年第 2 期。
② 《史记》卷五《秦本纪》，第 210—211 页。
③ 《资治通鉴》，第 107—108 页。

五　古史第一位"太后"

宋人吕祖谦《大事记》记载："秦庶长壮及大臣、诸公子作乱，魏冉诛之。遂杀惠文后，出悼武王后于魏。"《大事记》解题卷四"周赧王十年"所谓"遂杀惠文后"作"遂弑惠文后"，又写道："惠文后，昭王之嫡母也。悼武王后，昭王尝所事君母也。自昭王宣太后之立，魏冉独擅国事，二后及大臣、诸公子皆失职不平，故相与为变。事既不克，昭王之位始定，而宣太后、魏冉之权亦固矣。"①

梁玉绳《史记志疑》附录《瞥录》卷三据此认为，"武王之谥，疑当以悼武为定"②。《史记·秦始皇本纪》中有"（惠文王）生悼武王"，"悼武王享国四年，葬永陵"，"悼武王生十九年而立"。③ 上述记载都称"悼武王"，也可作为证明。

宣太后、魏冉取得国家政权后，即排除反对势力，清除政治隐患，保障行政效能，于是得以独擅国事。后宫也发生了涉及权力争夺的血腥事件，对于作为秦昭王嫡母的惠文后，一说"杀"，一说"弑"，予以杀害则无疑；而对于武王后，则安排她返回魏国。宣太后作为后宫的最高主宰，决策应该是由她做出的。

---

① 〔宋〕吕祖谦：《大事记》，浙江古籍出版社，2017年，第56页、第369页。
② 〔清〕梁玉绳撰：《史记志疑》，中华书局，1981年，第1493页。
③ 《史记》卷六《秦始皇本纪》，第288—289页。

对于"悼武王后"的这种处置方式,《史记·六国年表》记载:"(魏哀王)十四年,秦武王后来归。"而就在同年,秦昭王迎亲于楚:"(楚怀王槐)二十四年,秦来迎妇。"①

清汪越撰、徐克范补的《读史记十表》认为,处决"惠文后",体现秦"刑亦滥矣";而"悼武王后出归魏",体现秦"情亦忍矣",批评"昭襄之知有母,而弃其君母",这一点体现了宗族观念的不同。战国时期普遍认为秦与夷狄、戎翟风俗接近,与中原诸国礼俗观念颇有不同。

---

① 《史记》卷一五《六国年表》,第735页。

## 六　宣太后时代的秦国军事：
　　"宰割天下，分裂河山"

宣太后主政时期，秦史频见军事告捷与政治成功。当时秦国高层实现了比较好的政治组合，秦人向东方进取的战略攻势取得了极大战果。这一时期，秦曾"攻楚""伐齐"，更多的战事，则是对三晋的军事进攻。

1.《秦本纪》记录的宣太后时代秦扩张史

据《史记·秦本纪》记载，在比较确定的宣太后执政的秦昭王元年（前306）至秦昭王四十一年（前266）期间，秦军曾经对魏、韩、楚、齐、赵多次主动攻击：

"四年，取蒲阪。"

六年，"庶长奂伐楚，斩首二万"。

"七年，拔新城。"

"八年，使将军芈戎攻楚，取新市。"

九年,"奂攻楚,取八城,杀其将景快"。

"十三年,向寿伐韩,取武始。左更白起攻新城。"

"十四年,左更白起攻韩、魏于伊阙,斩首二十四万,虏公孙喜,拔五城。"

"十五年,大良造白起攻魏,取垣,复予之。攻楚,取宛。"

"十六年,左更错取轵及邓。"

"十八年,错攻垣、河雍,决桥取之。"

"二十一年,错攻魏河内。魏献安邑,秦出其人,募徙河东赐爵,赦罪人迁之。"

"二十二年,蒙武伐齐。河东为九县。"

"二十三年,尉斯离与三晋、燕伐齐,破之济西。"

二十四年,"秦取魏安城,至大梁"。

"二十五年,拔赵二城。"

"二十七年,错攻楚。赦罪人迁之南阳。白起攻赵,取代光狼城。又使司马错发陇西,因蜀攻楚黔中,拔之。"

"二十八年,大良造白起攻楚,取鄢、邓。"

"二十九年,大良造白起攻楚,取郢为南郡,楚王走。"

"三十年,蜀守若伐楚,取巫郡,及江南为黔中郡。"

"三十一年,白起伐魏,取两城。"

"三十二年,相穰侯攻魏,至大梁,破暴鸢,斩首四万,

## 六 宣太后时代的秦国军事:"宰割天下,分裂河山"

鸢走,魏入三县请和。"

"三十三年,客卿胡阳攻魏卷、蔡阳、长社,取之。击芒卯华阳,破之,斩首十五万。魏入南阳以和。"

"三十五年,佐韩、魏、楚伐燕。"

"三十六年,客卿灶攻齐,取刚、寿,予穰侯。"

"三十八年,中更胡阳攻赵阏与,不能取。"

"四十一年夏,攻魏,取邢丘、怀。"①

这些战役中,可统计的"斩首"记录合计四十五万。

其中二十九年(前278)白起攻楚,占领郢,迫使"楚王走",是战国时期秦军远征第一次攻陷敌国都城。

二十七年(前280)"司马错发陇西,因蜀攻楚黔中",三十年(前277)"蜀守若伐楚,取巫郡,及江南为黔中郡",都是在远离秦本土关中的地方发起的大规模的军事进攻。

所谓"三十六年,客卿灶攻齐,取刚、寿",《史记·穰侯列传》写道:"昭王三十六年,相国穰侯言客卿灶,欲伐齐取刚、寿,以广其陶邑。于是魏人范雎自谓张禄先生,讥穰侯之伐齐,乃越三晋以攻齐也,以此时奸说秦昭王。昭王于是用范雎。范雎言宣太后专制,穰侯擅权于诸侯,泾阳君、

---

① 《史记》卷五《秦本纪》,第210页、第212—213页。《史记》卷五《秦本纪》还写道:"四十年,悼太子死魏,归葬芷阳。""四十二年,安国君为太子。十月,宣太后薨,葬芷阳郦山。"第213页。

图6-1 中国国家博物馆藏秦武安君白起像

高陵君之属太侈，富于王室。于是秦昭王悟，乃免相国，令泾阳之属皆出关，就封邑。穰侯出关，辎车千乘有余。"一说"伐齐取刚、寿"，一说"攻齐，取刚、寿"，两者略有不同。但是此则战事记录，直接与"范雎言宣太后专制"，秦昭王"用范雎"，"免相国"，逐穰侯出关的情节相关联。也就是说，"伐齐""攻齐"事，与宣太后时代的落幕有直接关系，因而值得关注。

2.《六国年表》记录的宣太后时代秦扩张史

《史记·六国年表》记载，秦昭王元年（前306）就开始了对魏国的军事攻击。其所载录秦扩张的军事历程，可以补充《秦本纪》的记录：

"（魏哀王）十三年（秦昭王元年），秦击皮氏，未拔

## 六　宣太后时代的秦国军事:"宰割天下,分裂河山"

而解。"

"(魏哀王)十六年(秦昭王四年),秦拔我蒲坂、晋阳、封陵。"

"(秦昭王)六年,蜀反,司马错往诛蜀守辉,定蜀。""伐楚。""(魏哀王)十八年,与秦击楚。""(韩襄王)十一年,秦取我穰。与秦击楚。""(楚怀王槐)二十八年,秦、韩、魏、齐败我将军唐眛于重丘。""(齐湣王地)二十三年,与秦击楚,使公子将,大有功。"

"(秦昭王)七年,击楚,斩首三万。""(楚怀王槐)二十九年,秦取我襄城,杀景缺。"

"(楚怀王槐)三十年,秦取我八城。"

"(魏哀王)二十一年,与齐、韩共击秦于函谷。""(韩襄王)十四年,与齐、魏共击秦。""(齐湣王)二十六年,与魏、韩共击秦。""楚顷襄王元年,秦取我十六城。"[①]

"魏昭王元年,秦尉错来击我襄。"

"(魏昭王)二年,与秦战,我不利。"

"(秦昭王)十四年,白起击伊阙,斩首二十四万。""(魏昭王)三年,佐韩击秦,秦败我兵伊阙。""(韩釐王咎)三年,秦败我伊阙,斩首二十四万,虏将喜。"

---

[①] 《史记》卷一五《六国年表》,第 735—737 页。

"（韩釐王咎）五年，秦拔我宛城。"

"（秦昭王）十七年，魏入河东四百里。""（韩釐王咎）六年，与秦武遂地方二百里。"

"（赵惠文王）十一年，秦拔我桂阳。"

"（魏昭王）九年，秦拔我新垣、曲阳之城。"

"（秦昭王）二十一年，魏纳安邑及河内。""（韩釐王咎）十年，秦败我兵夏山。"

"（秦昭王）二十二年，蒙武击齐。"

"（秦昭王）二十三年，尉斯离与韩、魏、燕、赵共击齐，破之。""（魏昭王）十二年，与秦击齐济西。""（韩釐王咎）十二年，与秦击齐济西。""（赵惠文王）十五年，取齐昔阳。""（楚顷襄王）十五年，取齐淮北。""（燕昭王）二十八年，与秦、三晋击齐，燕独入至临菑，取其宝器。""（齐湣王地）四十年，五国共击湣王，王走莒。"

"（魏昭王）十三年，秦拔我安城，兵至大梁而还。"

"（赵惠文王）十七年，秦拔我两城。"

"（赵惠文王）十八年，秦拔我石城。"

"（秦昭王）二十七年，击赵，斩首三万。""（赵惠文王）十九年，秦败我军，斩首三万。""（楚顷襄王）十九年，秦击我，与秦汉北及上庸地。"

"（楚顷襄王）二十年，秦拔鄢、西陵。"

## 六　宣太后时代的秦国军事:"宰割天下,分裂河山"

"(秦昭王)二十九年,白起击楚,拔郢,更东至竟陵,以为南郡。""(楚顷襄王)二十一年,秦拔我郢,烧夷陵,王亡走陈。"

"(楚顷襄王)二十二年,秦拔我巫、黔中。"

"魏安釐王元年,秦拔我两城。"

"(魏安釐王)二年,秦拔我两城,军大梁下,韩来救,与秦温以和。""(韩釐王咎)二十一年,暴鸢救魏,为秦所败,走开封。"

"(魏安釐王)三年,秦拔我四城,斩首四万。"

"(秦昭王)三十四年,白起击魏华阳军,芒卯走,得三晋将,斩首十五万。"[1]

随后,据《史记·六国年表》记载,秦昭王三十七年(前270),即韩桓惠王三年,"秦击我阏与城,不拔"。"(赵惠文王)二十九年,秦攻韩阏与,赵奢将击秦,大败之,赐号曰马服。"而五年之后,秦昭王四十二年(前265)"宣太后薨"。[2]

正是在这几年间,宣太后时代结束了。

### 3. 秦战争史的宣太后时代回顾

关心秦史的学者,不能不注意这一历史时期秦战争史的

---

[1] 《史记》卷一五《六国年表》,第738—744页。
[2] 《史记》卷一五《六国年表》,第744—745页。

进程。这关系到秦的扩张史，关系到当时政治格局的变化，关系到走向统一的进程。

梁万斌在研究秦帝国形成的历史时，对这一时期秦的疆域变迁分两个方面进行说明：其一，昭王时期所得诸国之地；其二，昭王时期的失地。对于前者，说到分别攻取的韩地、魏地、赵地、楚地、齐地，又言及"灭义渠""灭西周""攻取'筰及其江南地'"。对于后者，说到"昭襄王初年的失地""孟尝君合纵攻秦与秦之失地""苏秦合纵攻秦与秦之失地""楚收复秦所拔江旁十五邑""围邯郸大败与秦之失地"。并指出："秦昭襄王在位的五十六年间，秦虽然也有失地，但取得了韩、赵、魏、楚、齐、西周及义渠的大片领土。这些领土的取得，为秦统一六国打下了坚实的基础，由秦完成统一的形势日益明显。"[1]

秦昭王时期占领诸国之地，多有宣太后参与策划部署之功。而"灭西周"时宣太后已经去世十年；"围邯郸大败"导致"秦之失地"，也在宣太后离开政治权力中枢之后。

还有学者认为，这一时期秦国实现了全面扩张："在伊阙、华阳之战中沉重地打击了韩、魏两国；参与五国伐齐之

---

[1] 梁万斌：《帝国的形成与崩溃——秦疆域变迁史稿》，西北大学出版社，2021年，第163—232页。

六　宣太后时代的秦国军事:"宰割天下,分裂河山"

战,致使齐国濒临灭亡;在鄢郢之战中占领了楚国的都城;经过范雎的策划,确立了'远交近攻'的经国方略;在长平之战中极大地削弱了赵国,从而改变了秦国与山东列国的力量对比,形成了一国独大的格局,为秦国统一天下奠定了基础。"[1]

4. 阏与之战

秦昭王三十八年(赵惠文王三十年,前269),赵国杰出的将领赵奢指挥的部队在阏与之战中击败了实力强大的秦军,扭转了长期以来两国之间秦国常胜而赵国累败的局势。《史记·廉颇蔺相如列传》记录了赵奢率军在阏与之战中击破秦军之事。秦军攻打韩国,屯军于阏与。赵惠文王召来廉颇询问能否出援,廉颇认为"道远险狭,难救"。赵惠文王又询问乐乘,乐乘和廉颇看法一致。赵惠文王似乎倾向于出战,于是又继续咨询赵奢。赵奢认为:"其道远险狭,譬之犹两鼠斗于穴中,将勇者胜。"于是,赵国决意出军救韩。

> 兵去邯郸三十里,而令军中曰:"有以军事谏者死。"秦军军武安西,秦军鼓噪勒兵,武安屋瓦尽振。军中候有一人言急救武安,赵奢立斩之。坚壁,留二十八

---

[1] 赵国华、叶秋菊:《秦战争史》,西北大学出版社,2021年,第99页。

日不行，复益增垒。秦间来入，赵奢善食而遣之。间以报秦将，秦将大喜曰："夫去国三十里而军不行，乃增垒，阏与非赵地也。"赵奢既已遣秦间，乃卷甲而趋之，二日一夜至，令善射者去阏与五十里而军。军垒成，秦人闻之，悉甲而至。军士许历请以军事谏，赵奢曰："内之。"许历曰："秦人不意赵师至此，其来气盛，将军必厚集其阵以待之。不然，必败。"赵奢曰："请受令。"许历曰："请就铁质之诛。"赵奢曰："胥后令邯郸。"许历复请谏，曰："先据北山上者胜，后至者败。"赵奢许诺，即发万人趋之。秦兵后至，争山不得上，赵奢纵兵击之，大破秦军。秦军解而走，遂解阏与之围而归。

赵惠文王赐奢号为马服君，以许历为国尉。赵奢于是与廉颇、蔺相如同位。①

赵奢宣布"有以军事谏者死"，是已形成坚定的战术策略。于是"军中候有一人言急救武安，赵奢立斩之"。然而决战在即，许历的建议却被采纳，可知战争进程之变化莫测，正确的战略战术之灵活机动。

---

① 《史记》卷八一《廉颇蔺相如列传》，第2445页。

## 六　宣太后时代的秦国军事："宰割天下，分裂河山"

图 6-2　《博古叶子》苏季子（苏秦）像

《史记》有关秦军作战的记录很多，然而大多文字简略。阏与之战记录具体生动，是秦战史记载中值得重视的文字。这也是宣太后参与国家军政决策后期的一次战役，考察宣太后的历史表现时应当予以关注。

《史记·秦本纪》的记载是，"（秦昭王）三十八年，中更胡阳攻赵阏与，不能取。"①《史记·赵世家》写道："（赵惠文王）二十九年，秦、韩相攻，而围阏与。赵使赵奢将，击秦，大破秦军阏与下，赐号为马服君。"②

阏与之战的记录，可以看作宣太后施行秦国军事控制阶

---

①　《史记》卷五《秦本纪》，第213页。
②　《史记》卷四三《赵世家》，第1822页。

段的尾声，也可以看作秦昭王独自进行秦国战略指挥的开端，或许可以将之理解为两者转换期间的战争史特殊阶段带有异常特点的一种迹象。

对于阏与之战及随后的战争形势，杨宽在《战国史》中有所分析。他写道："在阏与之役后，秦曾进攻幾，廉颇救幾，又大败秦军。这是秦国在兼并战争中从来没有遭遇到的惨败，锋芒就大为挫折。"[1]

5. 白起：军事人才的识拔

后来指挥长平之战，歼灭赵军主力四十余万人的名将白起，作为军事明星在宣太后时代即已开始上升。[2]

秦昭王十三年（前294），白起已作为"左更"崭露头角，到二十八年（前279）和二十九年（前278）攻楚，白起已经以"大良造"的身份统率远征军了。在攻取郢之后，白起得到了"武安君"的名号。

这位或可称"战神"或可称"战争恶魔"的战国时期军功最显赫的天才，从"左更"到"大良造"，再到"武安君"，他是在宣太后时代被发现并得到提升和任用的。

---

[1] 杨宽：《战国史》（增订本），第408—409页。
[2] 王子今：《长平之战的历史记录与历史评价》，《秦文化论丛》第7辑，西北大学出版社，1999年；《"长平之坑"与"新安之坑"》，《秦始皇帝陵博物院2017》，三秦出版社，2017年；《生命意识的觉醒——〈史记〉对长平杀降的批判》，《月读》2021年第1期。

六　宣太后时代的秦国军事："宰割天下，分裂河山"

据《史记》的说法，白起是由魏冉举荐的。① 有理由推想，如果秦昭王和宣太后对于白起的任用意见并不完全一致，则宣太后很可能起到了更为积极的作用。

6."间"与"战"

秦统一六国，最后所灭是齐国。秦王政二十六年（前221），正是齐王建四十四年。这一年，秦兵击齐，齐王建投降，从此天下一统于秦。

《史记·田敬仲完世家》记载了秦灭齐的历史，又回顾了齐国史的最后一页：

> 始，君王后贤，事秦谨，与诸侯信，齐亦东边海上，秦日夜攻三晋、燕、楚，五国各自救于秦，以故王建立四十余年不受兵。君王后死，后胜相齐，多受秦间金，多使宾客入秦，秦又多予金，客皆为反间，劝王去从朝秦，不修攻战之备，不助五国攻秦，秦以故得灭五国。五国已亡，秦兵卒入临淄，民莫敢格者。王建遂降，迁于共。②

---

① 《史记》卷七二《穰侯列传》，第2325页。
② 《史记》卷四六《田敬仲完世家》，第1902—1903页。

图6-3 清光绪《江苏澄江苏氏族谱》苏秦像

秦人用"间",削弱了齐国人的抗争意志,齐国贵族收受秦国的贿赂,瓦解了齐国的抗敌力量,最终秦军进入齐都临淄,齐国灭亡。

秦人以"间"助"战"的策略,并非仅仅应用于秦王政时代,在秦昭王部署秦军东进时,也可以看到例证。长平之战时,面对秦军,廉颇坚壁以待,无论秦军如何挑衅,赵兵都不应战。因此秦相应侯派人携带千金前往赵国实施反间计,声称秦军惧怕赵括,而廉颇容易对付,很快就会投降。① 赵王听信此言,以纸上谈兵的赵括取代老将廉颇。随后秦于长平大破赵军,兵围邯郸。长平之战发生在秦昭王四十八年

---

① 《史记》卷七三《白起王翦列传》,第2333—2334页。

## 六 宣太后时代的秦国军事:"宰割天下,分裂河山"

(前259)①,当时宣太后已经去世六年。

在魏安釐王时代,信陵君威震天下,秦王放心不下,让晋鄙在魏王面前诋毁信陵君,说信陵君在魏国声威日重,终将南面而王。反复数次,魏王终于听信,"后果使人代公子将"②。

秦国在赵、魏使用反间计对付廉颇和信陵君,同时都有军事行为紧密配合。此二事虽然年代稍晚于宣太后时代,却也可以帮助我们理解宣太后总领军政大计时使用同样策略的必然性。

在燕齐战争中,田单复国,也使用过这种策略。燕惠王做太子时与名将乐毅不和,他即位后,齐国田单便施反间计,声称"齐城不下者两城耳。然所以不早拔者,闻乐毅与燕新王有隙,欲连兵且留齐,南面而王齐。齐之所患,唯恐他将之来"③。于是燕惠王便召回乐毅,战局迅速扭转。

东方国家也会对秦用"间"。韩国派水利专家郑国为秦修

---

① 《史记》卷七九《范雎蔡泽列传》,第2417页。
② 《史记》卷七七《魏公子列传》,第2384页。
③ 《史记》卷八〇《乐毅列传》,第2429页。《史记》卷八二《田单列传》:"(田单)乃纵反间于燕,宣言曰:'齐王已死,城之不拔者二耳。乐毅畏诛而不敢归,以伐齐为名,实欲连兵南面而王齐。齐人未附,故且缓攻即墨以待其事。齐人所惧,唯恐他将之来,即墨残矣。'燕王以为然,使骑劫代乐毅。"第2454页。

建郑国渠，想以此消耗秦国国力。事发后郑国辩解说："始臣为间，然渠成亦秦之利也。"①

可能发生在年代相当于秦惠文王时代的"反间"案例，有"苏秦与燕文公夫人私通，惧诛，乃说王使齐为反间，欲以乱齐"事。裴骃《集解》引《孙子兵法》："反间者，因敌间而用之者也。凡军之所欲击，城之所欲攻，人之所欲杀，必先知其守将、左右谒者、门者、舍人之姓名，令吾间必索敌间之来间我者，因而利导舍之，故反间可得用也。"②可知"间"与"战"的结合是十分普遍的。

---

① 《史记》卷二九《河渠书》，第 1408 页。《史记》卷八七《李斯列传》："会韩人郑国来间秦，以作注溉渠，已而觉。"张守节《正义》："韩苦秦兵，而使水工郑国间秦作注溉渠，令费人工，不东伐也。"第 2541 页。
② 《史记》卷三四《燕召公世家》，第 1555 页。

## 七　秦扩张的两个方面："土地"和"民人"

对疆域和人口的控制，是谋取政治权位的基本欲求。而成功控制的规模，也是测定执政能力的主要指标。

在中国古代政治史文献中，国家行政的这两个要素，有时被称作"土地"和"民人"。

司马迁在《史记·货殖列传》中介绍"三河"地方的地理形势："夫三河在天下之中，若鼎足，王者所更居也，建国各数百千岁，土地小狭，民人众，都国诸侯所聚会，故其俗纤俭习事。"[①]其说涉及自然地理、政治地理以及文化地理的重要方面——民俗地理，当然也包括人口地理。其中所谓"土地""民人"，既涉及经济地理的格局，也体现了行政条件的特殊。

---

① 《史记》卷一二九《货殖列传》，第3262页。

在宣太后时代，秦国在扩张进程中，相关理念和政策有所变化。这种变化，反映了行政能力的进步。

1. 秦兼并战争中的"出其人""归其人"政策

从秦惠文王时代到宣太后、秦昭王执政的历史阶段，秦国在兼并战争期间，曾经推行"出其人""归其人"的政策。即驱逐原居民，仅仅占有其土地，只是"取其城，地入秦"①。

对此，《史记》中有多处记载。"秦惠王八年，爵樗里子右更，使将而伐曲沃②，尽出其人，取其城，地入秦。"③"（秦惠文王）十三年……使张仪伐取陕，出其人与魏。"④"（魏襄王）五年，秦拔我曲沃，归其人。"⑤时当秦惠文王更元十一年（前314）。

关于"伐曲沃"，《史记·樗里子甘茂列传》司马贞《索隐》："按：《年表》云十一年拔魏曲沃，归其人。又《秦本纪》惠文王后元八年，五国共围秦，使庶长疾与战脩鱼，斩首八万。十一年，樗里疾攻魏焦，降之。则焦与曲沃同在十一年明矣。而《传》云'八年拔之'，不同。王劭按：《本纪》

---

① 《史记》卷七一《樗里子甘茂列传》，第2307页。
② 《史记》卷七一《樗里子甘茂列传》，张守节《正义》："故城在陕州陕县西南三十二里也。"第2307页。
③ 《史记》卷七一《樗里子甘茂列传》，第2307页。
④ 《史记》卷五《秦本纪》，第206页。
⑤ 《史记》卷一五《六国年表》，第733页。

## 七 秦扩张的两个方面："土地"和"民人"

《年表》及此《传》，三处记秦伐国并不同，又与《纪年》不合，今亦殆不可考。"①其实，焦与曲沃，在秦魏之间数次易手。据《史记·六国年表》，魏襄王五年(前330)②，"秦围我焦、曲沃"。秦惠文王九年(前329)，"围焦，降之"。秦惠文王十一年(前327)，"归魏焦、曲沃"。魏襄王八年(前327)，"秦归我焦、曲沃"。魏哀王五年(前314)，"秦拔我曲沃，归其人"。在魏襄王五年(前330)"秦围我焦、曲沃"与秦惠文王十一年(前327)"归魏焦、曲沃"之间，只有秦惠文王九年(前329)"围焦，降之"的记录，却没有关于秦占有曲沃的记录。可知《史记·六国年表》中，有些信息是缺失的。所谓"今亦殆不可考"者，是很自然的事情。

我们还注意到，有关秦在兼并战争中"出其人""归其人"的史例，均见于秦国与魏国的战争。这是不是有什么特殊的原因呢？

在魏国的战争史中，也有占领某地区后"出其民"的记录，与前引秦史"出其人""归其人"的记录颇为相似。还是《史记》的记载："(魏文侯)十三年，使子击围繁、庞，出其民。"③

---

① 《史记》卷七一《樗里子甘茂列传》，第2307页。
② 方诗铭《中国历史年表》作魏惠王后元五年(前365)，《中国历史年表》，上海辞书出版社，1980年，第28页。
③ 《史记》卷四四《魏世家》，第1838页。

"(魏文侯十三年)公子击围繁庞,出其民。"①

《史记》中虽两处分述,说的却是同一事件。类似史事集中发生在魏国,其原因尚不可知。两处"繁庞",《史记》中华书局1959年9月版标点不同。一作"繁、庞",判作两地,一作"繁庞",以为一地。谭其骧主编《中国历史地图集》作"繁庞",空间位置标定在今陕西韩城。② 现在看来,"繁庞"是正确的。史为乐主编《中国历史地名大辞典》"繁庞城"条:"繁庞城,在今陕西韩城市东南。《史记·魏世家》:文侯十三年(前433),'使子击围繁庞,出其民'。《清一统志·同州府二》引《县志》:'繁庞城在县东南。'"③嵇超、郑宝恒、祝培坤、钱林书编《史记地名索引》也作"繁庞"。④ 而《史记》中华书局2013年9月点校本二十四史修订本卷四四《魏世家》一仍其误,卷一五《六国年表》则将"繁庞"错改为"繁、庞"。⑤ 在未能提出明确无疑的"繁""庞"二地说的证据之前,

---

① 《史记》卷一五《六国年表》,第707页。
② 谭其骧主编《中国历史地图集》第1册,第35—36页。
③ 史为乐主编《中国历史地名大辞典》,中国社会科学出版社,2005年,第2941页。
④ 嵇超、郑宝恒、祝培坤、钱林书编《史记地名索引》,中华书局,1990年,第200页。
⑤ 《史记》卷一五《六国年表》校勘记有值得重视的内容:"公子击围繁庞出其民。景佑本、绍兴本、耿本、黄本、彭本、柯本、凌本、殿本'民'下有'人'字,疑是。按:《史记》多'民人'连文之例。"《史记》,中华书局,2013年,第2册第905页。

七　秦扩张的两个方面："土地"和"民人"

"繁庞城"的理解，应当看作符合历史真实的意见。①

秦惠文王时代新占领区"出其人""归其人"的政策②，在宣太后与秦昭王执政时期，发生了变化。

2."徕民"主张

回顾历史，秦国在扩张领土的过程中所施行的对新区的统治政策，有成有败，有得有失。③

秦对巴蜀的政策是比较成功的。秦惠文王更元九年（前316），张仪、司马错和都尉墨等率军攻伐蜀国，很快就在蜀地建立了成功的统治。秦昭王时期和巴人订立了盟约，宣布不以强力干涉和变革当地原有的经济形式和风俗习惯，因此"夷人安之"。④拟定推行这样的政策，应当有宣太后的参与。后来，巴人和蜀人都参加了秦军征服楚地的战役，并且有效地承担了伐楚的部分军需供应。⑤

面对兼并战争中遇到的"民不乐为秦""天下不乐为秦民"等问题，开明的政治设计者提出了"徕民"的主张。相关建议

---

① 王子今：《关于〈史记〉秦地名"繁庞""西雍"》，《文献》2017年第4期。
② 王子今：《秦兼并战争中的"出其人"政策——上古移民史的特例》，《文史哲》2015年第4期。
③ 王子今：《秦王朝关东政策的失败与秦的覆亡》，《史林》1986年第2期。
④ 《后汉书》卷八六《南蛮西南夷列传》，第2842页。
⑤ 王子今：《秦兼并蜀地的意义与蜀人对秦文化的认同》，《四川师范大学学报》1998年第2期。

87

首先针对三晋地区。《商君书·徕民》记载："今三晋不胜秦，四世矣，自魏襄以来，野战不胜，守城必拔，小大之战，三晋之所亡于秦者，不可胜数也。若此而不服，秦能取其地，而不能夺其民也。"接着建议："今利其田宅，而复之三世。此必与其所欲，而不使行其所恶也。然则山东之民无不西者矣。"

《商君书·徕民》所谓"四世战胜，而天下不服"，正是秦在所占领地区"出其人""归其人"的原因。高亨认为，《徕民》篇"是作者献给秦王的书奏"，"但绝不是商鞅所作"。又指出，"篇中提到魏襄王及周军、华军、长平三次战争"，可见"徕民"政策是在秦统一战争中提出并得以实施，又取得成效的。前引"出其人""归其人"史例后来不再出现，或许体现了"徕民"政策的逐步成功。

长平之战时，秦昭王亲自前往河内，"赐民爵各一级，发年十五以上悉诣长平，遮绝赵救及粮食"[1]。可以看作谋求"战胜"同时避免"天下不服"的努力。此事发生在宣太后退出政治舞台之后，但她在政策转换过程中的作用仍然值得肯定。大致在秦昭王时代后期，秦帝业的基础已经奠立，即所谓"昭襄业帝"[2]。以往"秦能取其地，而不能夺其民"的情形

---

[1] 《史记》卷七三《白起王翦列传》，第2333页。
[2] 《史记》卷一三〇《太史公自序》，第3302页。

## 七 秦扩张的两个方面:"土地"和"民人"

已经有所改变。

3."募徙""赐爵","赦罪人迁之"

《史记·秦本纪》记载秦昭王二十一年(前286)取得安邑事:"(司马)错攻魏河内。魏献安邑,秦出其人,募徙河东赐爵,赦罪人迁之。"①对于新控制的安邑,秦虽然一如既往地"出其人",但同时也通过移民来填补这一空间。

《资治通鉴》对相关史事的记录,见于下表:

| 序号 | 时间 | 周纪年 | 史事 | 出处 |
|---|---|---|---|---|
| (1) | 前330 | 显王三十九年 | 秦伐魏,围焦、曲沃。魏入少梁、河西地于秦 | 卷二"周显王三十九年" |
| (2) | 前325 | 显王四十四年 | | 卷二"周显王四十四年" |
| (3) | 前314 | 赧王元年 | 魏人叛秦。秦人伐魏,取曲沃而归其人 | 卷三"周赧王元年" |
| (4) | 前286 | 赧王二十九年 | 秦司马错击魏河内。魏献安邑以和,秦出其人归之魏 | 卷四"周赧王二十九年" |

---

① 《史记》卷五《秦本纪》,第212页。

从上表中能看出《资治通鉴》执笔者对《史记》提供的历史记录的取舍：(1)提及焦与曲沃的战事，但并未取"尽出其人，取其城，地入秦"的说法。(2)完全不记"使张仪伐取陕，出其人与魏"之事。只有(3)(4)取用《史记》"出其人""归其人"之说。而(4)对"募徙河东赐爵，赦罪人迁之"之事也予以忽略。对于《资治通鉴》的取舍，后世学者多有讨论。宋朱熹《通鉴纲目》认为"秦出其人，募民徙之"应予以重视。明张自勋《纲目续麟》也认为应当强调"募民徙之"，而不必言"出其人"。①

后来秦在新占领区连续推行这种"募民徙之"的移民政策。"二十六年，赦罪人迁之穰。""二十七年，错攻楚。赦罪人迁之南阳。""二十八年，大良造白起攻楚，取鄢、邓，赦罪人迁之。"②

葛剑雄等的《简明中国移民史》重视上述(2)(4)两例："在战国后期秦国取得别国的领土后，有时还将原来居民驱逐，而代之以本国移民。如惠文王十三年(前325)攻下魏国的陕后，'出其人与魏'；昭襄王二十一年(前286)获得魏国所献的安邑后，也'出其人'，另外'募徙河东赐爵，赦罪人

---

① 〔明〕张自勋撰：《纲目续麟》，文渊阁《四库全书》本，第14页。
② 《史记》卷五《秦本纪》，第212页、第213页。

迁之'。"亦强调"当时已经开始实行奖励、招募移民的政策以及罪犯可以迁移边区抵罪的制度"有创新的意义。①

4."民不乐为秦","反覆""为乱"情形

前引史论家批评秦"出其人"之恶,其实,当时的具体情形,有秦新占领区民众不愿意成为秦民的背景,叛乱反复发生,造成了秦新区行政管理的困难。原有居民在秦占领时逃亡,是移民史上引人注目的现象。这种人口流失的危机在秦统一后依然存在。②

所谓"出其人""归其人"政策的推行,"其人"的态度和立场,也是促成政策实施的重要因素之一。在秦史的记录中,可以看到秦军占领新地,而当地民众不愿意归附的史例,有时甚至会导致严重的后续事件。

例如秦昭王时代对上党郡的攻夺和占有。《史记·白起王翦列传》记载:秦昭王四十五年,秦攻伐韩之野王,"野王降秦,上党道绝。其守冯亭与民谋曰:'郑道已绝,韩必不可得为民。秦兵日进,韩不能应,不如以上党归赵。赵若受我,秦怒,必攻赵。赵被兵,必亲韩。韩赵为一,则可以当

---

① 葛剑雄、曹树基、吴松弟:《简明中国移民史》,福建人民出版社,1993年,第48页。
② 王子今:《"亡秦""逃秦""避秦""遁秦":秦代人口流失现象》,《中国社会科学院大学学报》2022年第3期。

秦。'"计策已定,冯亭派人前往赵国提出请求。赵孝成王与平阳君、平原君商议。平阳君害怕给赵国引来灾祸,认为不该接受;平原君却认为能获得一郡,应该接受。后来赵国接受了冯亭的要求,并封其为华阳君。

秦昭王四十七年(前260),秦派左庶长王龁攻韩,夺取上党,上党百姓奔逃赵国。四月,王龁攻赵,长平之战爆发。赵国以赵括取代廉颇,被白起击败,赵军四十万人投降。白起认为:"前秦已拔上党,上党民不乐为秦而归赵。赵卒反覆,非尽杀之,恐为乱。"于是将赵国降兵全部坑杀,只让年龄较小的二百四十人回到赵国。

白起对上党教训的回顾,认为"上党民不乐为秦而归赵"[1],有"赵卒反覆"以及"非尽杀之,恐为乱"的判断。这应当是长平杀降四十万人的重要的心理动因之一。

与上党百姓不愿归秦情形相近的史例,还有《史记·周本纪》所记,"周民"因君王去世,在预想的秦人军事占领尚

---

[1] 《史记》卷五《秦本纪》:"(秦昭王)四十七年,秦攻韩上党,上党降赵,秦因攻赵,赵发兵击秦,相距。秦使武安君白起击,大破赵于长平,四十余万尽杀之。"第213页。又据《史记》卷七三《白起王翦列传》,苏代说秦相应侯:"秦尝攻韩,围邢丘,困上党,上党之民皆反为赵,天下不乐为秦民之日久矣。"第2336页。

七　秦扩张的两个方面："土地"和"民人"

未实施之前，即向东逃亡。①秦军西来，时称"西起秦患"②，"西生患于秦"③；而"西却秦"④，"西兵以禁强秦"⑤，是东方诸国军队共同的任务，于是向东成为秦扩张及秦统一战争中原住人口流亡的主要方向。

其实，秦国新占领区的百姓不愿归附、反复作乱的情形早有发生。《史记·秦本纪》记载，秦昭王二十九年，白起攻楚，取郢为南郡，楚王逃走。三十年，秦设置黔中郡。⑥三十一年，楚人掀起叛乱。张守节《正义》："黔中郡反归楚。"⑦

这些事件，都发生在秦昭王执政时期，而且是宣太后参与军政决策的时代。可知当时秦新区行政策略调整的难度。⑧

秦昭王时代之后，类似情形仍有发生。秦始皇二十一年，"新郑反。昌平君徙于郢"。二十三年，"荆将项燕立昌

---

① 《史记》卷四《周本纪》，第169页。
② 《史记》卷四〇《楚世家》，第1723页。
③ 《史记》卷七〇《张仪列传》，第2287页。
④ 《史记》卷七七《魏公子列传》，第2380页。
⑤ 《史记》卷四三《赵世家》，第1819页。
⑥ 《史记》卷五《秦本纪》，张守节《正义》："《括地志》云：'黔中故城在辰州沅陵县西二十里。江南，今黔府亦其地也。'"第213页。
⑦ 《史记》卷五《秦本纪》，第213页、第216页。
⑧ 王子今：《秦兼并战争中的"出其人"政策——上古移民史的特例》，《文史哲》2015年第4期。

平君为荆王，反秦于淮南"。这一记载，得到云梦睡虎地秦简出土资料的证实。①荆，即楚。昌平君是楚公子，曾任秦相国，参与过攻灭嫪毐之事。"秦始皇二十三年，楚将项燕立昌平君为王，反秦于淮南，被秦军击灭"②。

---

① 云梦睡虎地秦简《编年记》："（今）廿一年，韩王死，昌平君居其处。"整理小组注释："昌平君，楚公子，曾任秦相国，参与攻嫪毐，见《史记·秦始皇本纪》及《索隐》。《秦始皇本纪》记此年'新郑反，昌平君徙于郢。'秦始皇二十三年，楚将项燕立昌平君为王，反秦于淮南，被秦军击灭。"睡虎地秦墓竹简整理小组：《睡虎地秦墓竹简》，释文注释第 7 页、第 13 页。
② 睡虎地秦墓竹简整理小组：《睡虎地秦墓竹简》，释文注释第 7 页、第 10 页。

## 八　纵横短长：宣太后时代的列国志

宣太后时代的外交史，有颇多生动的画面，描绘了当时列国之间复杂的关系。

自秦武王时代至战国时期结束，《史记》记载各国间以"会"为基本形式的外交活动多达二十二次。这是"会盟"活动最密集的历史时期。这二十二例中，二十例都是秦国与其他国家"会盟"。如公元前313年秦魏会于临晋。[1] 据《史记》记载，秦国与其他国家的"会"，在公元前313年之后，又有公元前310年秦魏会临晋；公元前308年秦韩会临晋外，秦魏会应；公元前304年秦楚会黄棘；公元前302年秦魏会临晋应亭，秦韩会临晋；公元前285年秦楚会宛，秦赵会中阳；

---

[1] 《史记》卷五《秦本纪》，第207页；《史记》卷一五《六国年表》，第731页；《史记》卷四四《魏世家》，第1850页。

公元前284年秦魏会西周宜阳，秦韩会西周新城；公元前283年秦楚会鄢，秦楚会穰；公元前282年秦韩会新城，秦魏会新明邑，秦韩会两周间；公元前279年秦赵会渑池；公元前278年秦楚会襄陵。秦国在列国外交行为中的活跃，体现出与征战同样的积极性。

这些"国君会"的外交记录，与赵武灵王九年(前317)"楚、魏王来，过邯郸"及赵惠文王十六年(前283)"王与赵王遇"等一般性会面不同，多有学者称之为"会盟"。如杨宽、吴浩坤主编的《战国会要》，将这些历史现象系于《礼十一·宾礼·会盟》题下。① 这样的认识应当是没有问题的。

宣太后时代，正处于军争激烈的历史时期，天下"兵革为起"，"残国灭庙"②，"战国横骛"，"七雄虓阚，分裂诸夏，龙战而虎争"③。在这一时代，秦国上层决策者在国际关系处理方面表现出非同寻常的智慧。

在这一时期秦国的邦交史中，宣太后没有活跃的前台表演，人们只看到国君会盟、使臣往来、辩客游说，但是其间也有这位强势女子直接会见外国来使并做出重大决策的实例。如《战国策·韩策二》"楚围雍氏五月"条记载了"楚围雍

---

① 杨宽、吴浩坤主编《战国会要》，上海古籍出版社，2005年，第192—194页。
② 《史记》卷一二八《龟策列传》，第3235页。
③ 《汉书》卷一〇〇上《叙传上》，第4227页。

八 纵横短长：宣太后时代的列国志

图 8-1 武氏祠"渑池之会蔺相如完璧归赵"画面
（人物形象自左至右：范雎、秦昭王、蔺相如）

氏五月。韩令使者求救于秦，冠盖相望也"，而尚靳得宣太后接见的故事。①

1. 秦王奔走会盟

在激烈的兼并战争中，秦极力增强军力，以求在战场上获胜，同时积极通过外交手段，拆解敌对联盟，争取合作伙

---

① 《战国策》卷二七《韩策二》，第 969 页。

97

伴，打击不同时期的主要敌国。

宣太后、秦昭王执政时期，是秦国执政者参与会盟最活跃的阶段。以往所谓"秦僻在雍州，不与中国诸侯之会盟，夷翟遇之"的情形①得到明显转变。诸侯"会盟而谋弱秦"②，而秦人开始积极采取这一交往方式、利用这一交往场合增强国势。

秦惠文王至秦武王时代，史籍记载秦与各国间以"会"为标志的外交活动共五次，均为秦与魏、韩之间的外交活动：

| 序号 | 时间 | 会盟国 | 会盟地点 | 资料出处 |
| --- | --- | --- | --- | --- |
| （1） | 前329 | 魏—秦 | 应（今河南宝丰南） | 《史记》卷四四《魏世家》③ |
| （2） | 前313 | 秦—魏 | 临晋（今陕西大荔东） | 《史记》卷五《秦本纪》④ |
| （3） | 前310 | 秦—魏 | 临晋（今陕西大荔东） | 《史记》卷五《秦本纪》⑤，《史记》卷一五《六国年表》，《史记》卷四四《魏世家》 |

---

① 《史记》卷五《秦本纪》，第202页。
② 《史记》卷六《秦始皇本纪》，第279页。
③ 《史记》卷四四《魏世家》："（魏襄王）六年，与秦会应。"第1848页。
④ 《史记》卷五《秦本纪》："（秦惠文王更元）十二年，王与梁王会临晋。"第207页。
⑤ 《史记》卷五《秦本纪》："武王元年，与魏惠王会临晋。"裴骃《集解》："徐广曰：'《表》云哀王。'"张守节《正义》："按：魏惠王卒已二十五年矣。"第209页。

八　纵横短长：宣太后时代的列国志

续表

| 序号 | 时间 | 会盟国 | 会盟地点 | 资料出处 |
|---|---|---|---|---|
| （4） | 前308 | 秦—韩 | 临晋外（今陕西大荔东） | 《史记》卷五《秦本纪》①，《史记》卷一五《六国年表》②，《史记》卷四五《韩世家》 |
| （5） | 前308 | 魏—秦 | 应（今河南宝丰南） | 《史记》卷一五《六国年表》③，《史记》卷四四《魏世家》④ |

在秦昭王即位之前，秦王已经开始了以"会"他国君王为目的的出行。这是秦外交史的新动向。

秦昭王即位之后，参与会盟的密度显著增大。从秦昭王元年（前306）到秦昭王二十九年（前278），其参与会盟共计15次。在《史记》所见这一时期的会盟记录中，秦参与的会盟占88.24%。

在宣太后与秦昭王共同执政的时期，有如下涉及会盟的明确的历史记录：

---

① 《史记》卷五《秦本纪》："（秦武王）三年，与韩襄王会临晋外。"张守节《正义》："'外'谓临晋城外。'外'字一作'水'。"第209页。
② 《史记》卷一五《六国年表》："（韩襄王）四年，与秦会临晋。"第734页。
③ 《史记》卷一五《六国年表》："（魏襄王）十一年，与秦会应。"裴骃《集解》："徐广曰：'在颍川父城。'"第734页。
④ 《史记》卷四四《魏世家》："（魏襄王）十一年，与秦武王会应。"第1852页。

| 序号 | 时间 | 会盟国 | 会盟地点 | 资料出处 |
|---|---|---|---|---|
| （1） | 前304 | 秦—楚 | 黄棘（今河南南阳南） | 《史记》卷五《秦本纪》，《史记》卷一五《六国年表》，《史记》卷四〇《楚世家》 |
| （2） | 前302 | 魏—秦 | 临晋应亭（今陕西大荔东）① | 《史记》卷五《秦本纪》，《史记》卷一五《六国年表》，《史记》卷四四《魏世家》② |
| （3） | 前302 | 韩—秦 | 临晋（今陕西大荔东） | 《史记》卷一五《六国年表》，《史记》卷四五《韩世家》③ |

---

① 杨宽指出："梁玉绳以为《秦本纪》'应亭'为'临晋'之误，《年表》《魏世家》可证。此说不确。""应亭当为秦临晋靠近关塞之要地，因而成为魏王来朝之处。"杨宽：《战国史料编年辑证》，上海人民出版社，2001年，第636页。
② 《史记》卷五《秦本纪》："（秦昭王）五年，魏王来朝应亭。"第210页。《史记》卷一五《六国年表》："（秦昭王）五年，魏王来朝。""（魏襄王）十七年，与秦会临晋。""（韩襄王）十年，太子婴与秦王会临晋，因至咸阳而归。"第736页。《史记》卷四四《魏世家》："（魏襄王）十七年，与秦会临晋。"第1852页。
③ 《史记》卷一五《六国年表》："（韩襄王）十年，太子婴与秦王会临晋，因至咸阳而归。"第1852页。《史记》卷四五《韩世家》："（韩襄王）十年，太子婴朝秦而归。"裴骃《集解》："徐广曰：'与秦会临晋，因至咸阳而归。'"第1872页。

八 纵横短长:宣太后时代的列国志

续表

| 序号 | 时间 | 会盟国 | 会盟地点 | 资料出处 |
|---|---|---|---|---|
| （4） | 前300 | 魏—薛 | 釜丘(今山东定陶西) | 《水经注》卷七《济水》引《竹书纪年》① |
| （5） | 前299 | 齐—魏 | 韩(今河南新郑) | 《史记》卷一五《六国年表》,《史记》卷四五《韩世家》② |
| （6） | 前298 | 秦—魏 | 应(今河南宝丰南) | 《史记》卷五《秦本纪》③ |
| （7） | 前285 | 秦—楚 | 宛(今河南南阳) | 《史记》卷五《秦本纪》,《史记》卷一五《六国年表》,《史记》卷四〇《楚世家》④ |

① 《水经注》卷七《济水》:"《竹书纪年》:魏襄王十九年,薛侯来会王于釜丘者也。"《水经注校证》,第198页。钱穆《魏襄王十九年会薛侯于釜邱考》就此有所考论。《先秦诸子系年》,河北教育出版社,2002年,第431—434页。杨宽、吴浩坤以为其说"不符合当时形势之发展,并不足信"。杨宽、吴浩坤主编《战国会要》,第655—656页。
② 《史记》卷一五《六国年表》:"(魏襄王)二十年,与齐王会于韩。""(韩襄王)十三年,齐、魏王来。"《史记》卷四五《韩世家》:"齐、魏王来。"第737页。
③ 《史记》卷五《秦本纪》:"(秦昭王)五年,……魏王来朝。"第206页。
④ 《史记》卷四〇《楚世家》:"十四年,楚顷襄王与秦昭王好会于宛,结和亲。"第1729页。

101

续表

| 序号 | 时间 | 会盟国 | 会盟地点 | 资料出处 |
|---|---|---|---|---|
| （8） | 前285 | 秦—赵 | 中阳（今山西中阳） | 《史记》卷五《秦本纪》，《史记》卷一五《六国年表》，《史记》卷四三《赵世家》 |
| （9） | 前284 | 魏—秦 | 西周（今河南洛阳）宜阳（今河南宜阳西） | 《史记》卷五《秦本纪》，《史记》卷一五《六国年表》，《史记》卷四四《魏世家》① |
| （10） | 前284 | 韩—秦 | 西周（今河南洛阳）新城（今河南伊川西南）② | 《史记》卷五《秦本纪》，《史记》卷一五《六国年表》，《史记》卷四五《韩世家》③ |

---

① 《史记》卷五《秦本纪》："（秦昭王二十三年）王与魏王会宜阳。"第212页。《史记》卷一五《六国年表》："（魏昭王）十二年，与秦王会西周。"第740页。《史记》卷四四《魏世家》："（魏昭王）十二年，与秦王会西周。"张守节《正义》："王城也，今河南郡城也。"第1853页。

② 郭声波指出：新城，"县邑名一作襄城，一作新成。战国韩宣惠王时（约前316），已以新城置新城县，在今河南省伊川县西南，隶三川郡。其后属楚，为飞地新城郡治。秦昭王七年（前300）取之。翌年，复归韩"。郭声波：《〈史记〉地名族名词典》，中华书局，2020年，第313页。

③ 《史记》卷五《秦本纪》："（秦昭王二十三年）与韩王会新城。"第212页。《史记》卷一五《六国年表》："（韩釐王十二年）与秦王会西周。"第740页。《史记》卷四五《韩世家》："（韩釐王十二年）与秦昭王会西周。"第1876页。

八 纵横短长：宣太后时代的列国志

续表

| 序号 | 时间 | 会盟国 | 会盟地点 | 资料出处 |
|---|---|---|---|---|
| （11） | 前283 | 秦—楚 | 鄢（今河南漯河西） | 《史记》卷五《秦本纪》，《史记》卷四〇《楚世家》① |
| （12） | 前283 | 秦—楚 | 穰（今河南邓州） | 《史记》卷五《秦本纪》，《史记》卷一五《六国年表》，《史记》卷四〇《楚世家》 |
| （13） | 前282 | 秦—韩 | 新城（今河南伊川西南） | 《史记》卷五《秦本纪》 |
| （14） | 前282 | 秦—魏 | 新明邑（今河南襄城）② | 《史记》卷五《秦本纪》 |
| （15） | 前282 | 韩—秦 | 两周间（今河南洛阳） | 《史记》卷一五《六国年表》，《史记》卷四五《韩世家》 |

① 《史记》卷四〇《楚世家》："（楚顷襄王）十六年，与秦昭王好会于鄢。"第1730页。
② 郭声波指出：新明邑，"城邑名。战国时属楚国襄城县，在今河南省襄城县境。魏襄王二十三年（前296）取之，寻入于秦国"。郭声波：《〈史记〉地名族名词典》，第313页。

**续表**

| 序号 | 时间 | 会盟国 | 会盟地点 | 资料出处 |
| --- | --- | --- | --- | --- |
| （16） | 前279 | 赵—秦 | 渑池（今河南渑池西） | 《史记》卷一五《六国年表》，《史记》卷四三《赵世家》 |
| （17） | 前278 | 秦—楚 | 襄陵（今河南睢县）① | 《史记》卷五《秦本纪》 |

我们看到，在"春秋无义战"②，"五霸更盛衰"③的东周前期，已经多有"会""盟""会盟"的史事记录。会盟，往往是成就霸业的重要手段。在战争激烈的年代，会盟也最为频繁。春秋时期，秦国地处偏僻，并不参与中原诸侯的会盟。到战国时期，秦却成为中原会盟的积极参与者。秦国君王对于会盟的空前热情，体现出了鲜明的时代特征。

---

① 裴骃《集解》："《地理志》河东有襄陵县。"张守节《正义》："《括地志》云：'襄陵在晋州临汾县东南三十五里。阚骃《十三州志》云襄陵，晋大夫羊舌邑也。"第213页。今按，按照当时形势，襄陵位置，应从谭其骧主编《中国历史地图集》说。谭其骧主编《中国历史地图集》第1册，第35—36页。
② 〔清〕焦循撰：《孟子正义》卷二《尽心下》，沈文倬点校，中华书局，1987年，第954页。
③ 《史记》卷一三〇《太史公自序》，第3303页。

## 2. 秦中原会盟的意义

战国晚期，列国会盟经常以河洛地区为中心。[①] 一方面因为这里是"天下之中"[②]，另一方面在于强大的秦国在向东方扩张的进程中首先将这一地区作为侵吞的目标，进而以河洛为兵员和作战物资的中继基地，向赵、楚、齐、燕等强国进军。河洛地区成为会盟中心，也与周王朝政治权力虽然衰败，然而余威残存，仍有一定的政治影响有关。

《史记》记载，公元前308年，秦武王表示了"寡人欲容车通三川，窥周室，死不恨矣"的愿望。[③] 秦武王于是与甘茂有"息壤之盟"，促成甘茂艰苦攻伐，占领宜阳。这是秦史中仅见的君臣之盟的史例。

秦国以在战国竞争中的强势地位，成为河洛地区国际会盟主角的情形，频繁见于《史记》。秦国国君频繁出没于河洛地区，成为引人注目的历史现象。[④] 秦王积极的会盟行为，

---

[①] 王子今：《论战国晚期河洛地区成为会盟中心的原因》，《中州学刊》2006年第4期。
[②] 王子今：《河洛地区生态史与河洛文化发育的自然条件》，《洛阳工学院学报》（社会科学版）2001年第3期；《秦汉时期的"天下之中"》，《光明日报》2004年9月21日。
[③] 《史记》卷五《秦本纪》，第209页。
[④] 王子今：《秦国君远行史迹考述》，《秦文化论丛》第8辑，陕西人民出版社，2001年。

可以看作秦国在对敌国实施战争打击的同时，采用外交方式分化瓦解敌国，从而强化政治威慑，进行心理征服的手段。

正是在宣太后、秦昭王时代，秦人东进，进军中原重心地带，实施了军事与外交合理结合的正确战略。

3. 秦的"好会"

秦的会盟，史称"好会"。所谓"好会"，应当是体现双方友好，会见主题、会谈环境、会话言辞都比较亲切和缓的会盟。

《史记》中几次说到"好会"。《史记·齐太公世家》记载："（齐景公）四十八年，与鲁定公好会夹谷。"[1]关于这次"好会"，由于与孔子事迹直接相关，《史记·孔子世家》也有所记录。太史公写道："定公十年春，及齐平。夏，齐大夫黎鉏言于景公曰：'鲁用孔丘，其势危齐。'乃使使告鲁为好会，会于夹谷。鲁定公且以乘车好往。孔子摄相事，曰：'臣闻有文事者必有武备，有武事者必有文备。古者诸侯出疆，必具官以从。请具左右司马。'定公曰：'诺。'具左右司马。会齐侯夹谷，为坛位，土阶三等，以会遇之礼相见，揖让而登。"在"会"的正式进程中，出现了争执。"献酬之礼毕，齐有司趋而进曰：'请奏四方之乐。'景公曰：'诺。'于是旍旄羽

---

[1] 《史记》卷三二《齐太公世家》，第1505页。

## 八 纵横短长：宣太后时代的列国志

被矛戟剑拨鼓噪而至。孔子趋而进，历阶而登，不尽一等，举袂而言曰：'吾两君为好会，夷狄之乐何为于此！请命有司！'有司却之，不去，则左右视晏子与景公。景公心怍，麾而去之。有顷，齐有司趋而进曰：'请奏宫中之乐。'景公曰：'诺。'优倡侏儒为戏而前。孔子趋而进，历阶而登，不尽一等，曰：'匹夫而营惑诸侯者罪当诛！请命有司！'有司加法焉，手足异处。""好会"进行时，竟然还发生了流血事件。"景公惧而动，知义不若，归而大恐，告其群臣曰：'鲁以君子之道辅其君，而子独以夷狄之道教寡人，使得罪于鲁君，为之奈何?'有司进对曰：'君子有过则谢以质，小人有过则谢以文。君若悼之，则谢以质。'于是齐侯乃归所侵鲁之郓、汶阳、龟阴之田以谢过。"[1]这段文字记录中两次出现"好会"一语。由于孔子在其中有突出的表现，这次"好会"也被视为具有标志性意义的外交之"会"。孔子以看起来颇为偏执矫情的言辞宣传"君子之道"，强调这一原则在礼仪形式方面的约束作用。他在"会遇之礼""献酬之礼"之外，就"乐""戏"表演的风格和形式提出强烈抵制的意见，改变了"会"的气氛环境，致使齐景公"惧而动，知义不若，归而大恐"，甚至退还了侵占鲁国的领土以"谢过"。

---

[1] 《史记》卷四七《孔子世家》，第1915页。

《汉语大词典》将"好会"解释为"诸侯间友好的会盟"①，《大辞海》解释为"诸侯间友好的会盟"②，《中文大辞典》谓之"和好之会也"③，书证都是《史记·孔子世家》以及晚于此的《说苑·奉使》。

从"以会遇之礼相见，揖让而登"等仪程和"奏四方之乐"等安排来看，"好会"通常应当营造亲和的气氛。"鲁定公且以乘车好往"，大约在孔子建议"请具左右司马"之前，他准备以更随意的方式赴会。然而孔子对"君子之道"的坚持，竟然令"好会"的发起者齐景公"惧""恐"不安。"好会"的效应看来并没有实现。

史家记述此事，肯定孔子坚守自己的文化原则。但是我们对于"好会"本来的情境，只能通过片断的记录进行推想。孔子斥责"旍旄羽袚矛戟剑拨鼓噪而至"的"四方之乐"："吾两君为好会，夷狄之乐何为于此！"对于"奏宫中之乐"，"优倡侏儒为戏而前"，孔子更是激愤而言："匹夫而营惑诸侯者罪当诛！"于是在"会"的现场执法，致"手足异处"。《史

---

① 罗竹风主编《汉语大词典》第 4 卷，汉语大词典出版社，1989 年，第 291 页。
② 夏征农、陈至立主编《大辞海》，上海辞书出版社，2015 年，第 1275 页。
③ 中文大辞典编纂委员会编纂：《中文大辞典》，中国文化研究所，1968 年，3542 页。

记·齐太公世家》记载的齐景公与鲁定公"好会夹谷"史事,《春秋·定公十年》只说"会"。《左传·定公十年》记载"孔丘"言"两君合好",也没有出现"好会"一语。① 《论语·八佾》中仅见"邦君为两君之好"的说法②,连《孔子家语》也没有此说。孔子言"吾两君为好会",仅见于《史记·孔子世家》,这是值得注意的。《论语·八佾》"邦君为两君之好",朱熹集注:"好,谓好会。"③宗福邦、陈世铙、萧海波主编《故训汇纂》用此说。所列注项:"好,谓好会。"引证书例即《论语·八佾》朱熹集注。④ 朱熹的理解应当是参考了《史记》"好会"相关文字的。

《史记·楚世家》还记录了两次楚王与秦王的"好会":"十四年,楚顷襄王与秦昭王好会于宛,结和亲。"两年之后,"(楚顷襄王)十六年,与秦昭王好会于鄢"⑤。这当然是宣太后主政时促成的事。

---

① 《春秋左传集解》,第 1673 页、第 1675 页。
② 杨树达:《论语疏证》,上海古籍出版社,1986 年,第 78 页。
③ 〔宋〕朱熹撰:《四书章句集注》,宋刻本,第 21 页。
④ 宗福邦、陈世铙、萧海波主编《故训汇纂》,商务印书馆,2003 年,第 508 页。
⑤ 《史记》卷四〇《楚世家》,第 1729 页、第 1730 页。

《说苑·奉使》："晋楚之君相与为好会于宛邱之上。"①此事不见于《史记》。这是《史记》之后的历史文献使用"好会"一语的典型例证。所谓晋楚"好会于宛丘"事未见于可靠史籍记载，清人陈厚耀《春秋战国异辞》卷二六"杂录"条引录《说苑·奉使》这一故事，与多例"宋人善辩"等"宋之愚人"传说并列②，或可视作寓言。王利器辑"历代笑话"，在《历代笑话集续编》中列入《宋人愚事录》，并在前言中指出"笑话这种文艺形式"之"滥觞"，即"战国以来诸子中有关宋人的讽刺小品"，亦有见于"典籍记载"者。③ 清人王棠《燕在阁知新录》卷二七"打碟"条说："《宛丘》曰'坎其击缶'，秦赵会渑池，秦王击缶击瓯，盖'击缶'之遗事也。"④《诗·陈风·宛丘》："坎其击缶，宛丘之道。"孔颖达疏已经与"《史记》蔺相如使秦王鼓缶"相联系。⑤ 这一联想，也支持我们《说苑·奉

---

① 〔汉〕刘向撰，向宗鲁校证：《说苑校证》，中华书局，1987年，第301页。赵善诒《说苑疏证》作："晋、楚之君，相与为好，会于宛丘之上。"〔汉〕刘向撰，赵善诒疏证：《说苑疏证》，华东师范大学出版社，1985年，第335页。
② 〔清〕陈厚耀撰：《春秋战国异辞》，文渊阁《四库全书》本，第405—407页。
③ 王利器、王贞珉辑：《历代笑话集续编》，春风文艺出版社，1985年，第3页。
④ 〔清〕王棠撰：《燕在阁知新录》，清康熙刻本，第549页。
⑤ 《十三经注疏》，第376页。

使》晋楚"好会于宛丘"事只是寓言的推定。

可以说,"好会"一词很可能是《史记》创制,并为太史公习用。所谓"好会",透露出太史公的和平意识。作为对战国时期复杂的军事外交形势非常熟悉的史学家,"好会"一语的使用,也体现出太史公对当时成熟的外交理念、深度的外交智慧和灵活的外交技巧的肯定。[①]

4."远交近攻"战略

著名的"远交近攻"战略,由范雎向秦昭王提出,最终为秦国最高决策集团所采纳,并且推进了秦的兼并战争进程。

范雎初见秦昭王,对秦的国政进行了分析,先是评价秦的对外战略。他说:

> 大王之国,四塞以为固,北有甘泉、谷口,南带泾、渭,右陇、蜀,左关、阪,奋击百万,战车千乘,利则出攻,不利则入守,此王者之地也。民怯于私斗而勇于公战,此王者之民也。王并此二者而有之。夫以秦卒之勇,车骑之众,以治诸侯,譬若施韩卢而搏蹇兔也,霸王之业可致也,而群臣莫当其位。至今闭关十五年,不敢窥兵于山东者,是穰侯为秦谋不忠,而大王之

---

① 王子今:《"好会":〈史记〉记述的和平外交》,《月读》2020年第9期。

计有所失也。

这一番话让秦昭王肃然起敬，范雎于是提出了"远交近攻"的建议："王不如远交而近攻，得寸则王之寸也，得尺亦王之尺也。今释此而远攻，不亦缪乎！"对于所"近"之魏国，范雎建议"伐之"："王卑词重币以事之；不可，则割地而赂之；不可，因举兵而伐之。"秦昭王于是拜范雎为客卿，让他直接参与军事谋划，并派五大夫绾伐魏。

对于秦的另一个邻国韩国，范雎建议以军事强权占有。他认为："秦韩之地形，相错如绣。秦之有韩也，譬如木之有蠹也，人之有心腹之病也。天下无变则已，天下有变，其为秦患者孰大于韩乎？王不如收韩。"此说也得到了秦昭王的认可。

提出"远交近攻"策略时，范雎还提到"闻秦之有太后……不闻其有王也"以及"今太后擅行不顾"[1]，可知这一战略的确定与实施，必定经过宣太后的认可。

5. "从衡短长之说"

通过政治文化视角，可以观察国家治理层面，《史记》保留了许多行政史记录。《史记·十二诸侯年表》记述了春秋时

---

[1] 《史记》卷七九《范雎蔡泽列传》，第2408—2411页。

## 八 纵横短长：宣太后时代的列国志

期列国盛衰的历史，所考察的内容包括"兴师""讨伐""强乘弱""威而服"的战争场景，也包括会盟等外交形式。

《史记·六国年表》则载录战国时期七雄兼并，征伐会盟，即战争史和外交史两方面的竞争。在"海内争于战攻"之战场角逐的另一面，更有国际外交方面的智慧展示，即所谓"六国之盛自此始。务在强兵并敌，谋诈用而从衡短长之说起"。所谓"谋诈用"，不仅言兵不厌诈，而且说到外交行为中信义的败坏："矫称蜂出，誓盟不信。"[1]

"从衡"之说，就是合纵连横之说。"短长之说"，也指论辩技能。《史记·田儋列传》"太史公曰"："蒯通者，善为长短说，论战国之权变，为八十一首。"司马贞《索隐》解释说："言欲令此事长，则长说之；欲令此事短，则短说之，故《战国策》亦名曰'短长书'是也。"[2]所谓"从衡短长之说起"，也是战国外交史的特征之一。"长短""短长"之说，往往显现高明的智谋和精彩的辩才。

司马迁在谈及"谋诈用而从衡短长之说起"时，特别分析了秦国的特点："(秦)至献公之后常雄诸侯。论秦之德义不如鲁卫之暴戾者，量秦之兵不如三晋之强也，然卒并天下，

---

[1] 《史记》卷一五《六国年表》，第685页。
[2] 《史记》卷九四《田儋列传》，第2649页。

非必险固便形执利也，盖若天所助焉。"①这一史论指出，在宣太后、秦昭王时代，秦从"常雄诸侯"走向"卒并天下"，军事与外交的成功结合是促成统一的条件。

6."诈楚"与楚怀王悲剧

在秦楚交往史中，秦惠文王时代已经有张仪"六百里"骗局见诸记载。

秦国准备伐齐，当时齐国与楚国关系亲密，秦惠文王因此心存顾虑，于是派张仪前往楚国，以重金贿赂，劝楚国与齐国绝交，并答应如果楚齐绝交，秦国愿意送给楚国"商、於之地六百里"。楚怀王贪图土地，相信了张仪的话，于是和齐绝交，并派使者前往秦国收取土地。但是张仪却抵赖说："我和楚王约定的是六里地，并非六百里。"楚怀王大怒，兴师伐秦，却在丹、淅之地（位于今河南淅川县）被秦军击败，楚兵被斩首八万，楚将屈匄也被俘虏，楚国失去了汉中地。怀王于是举倾国之兵攻打秦国，两军战于蓝田。魏国听闻此事，也前来夹击楚国。楚国无奈撤兵。齐国恼怒楚国与自己绝交，也不来相救。

《史记·楚世家》和《史记·张仪列传》对于"六里""六百里"之"诈"的记述，更富有戏剧性。楚怀王受张仪所骗，欣

---

① 《史记》卷一五《六国年表》，第685页。

八　纵横短长：宣太后时代的列国志

喜于"吾复得吾商於之地"。当时，"群臣皆贺"，独有陈轸表现出相反的态度。怀王问陈轸何故，后者回答说："秦国之所以看重您，是因为您有齐国作为臂助。现在土地还没得到，却已经和齐国绝交，秦国又怎么会看重楚国呢？"但怀王没有听从陈轸的建议。张仪回到秦国后，假装醉酒坠车，三个月不露面，怀王派去索地的使者拿不到土地。怀王以为张仪嫌自己与齐国断交不彻底，又派使者前往齐国"辱齐王"。齐王大怒，与楚国绝交，"秦齐交合"。张仪见计策得手，便出来对楚国将军说："你怎么还不去占领土地？方圆六里呢！"受到愚弄的怀王大怒，兴师伐秦。陈轸又劝道："不如送给秦国一座城池，与秦国共同伐齐，这样一来，送给秦国的城池正好可以从齐国得到补偿。如果您已经与齐国绝交，又去攻打秦国，就是与两国共同为敌，必将大损国力。"楚王还是不听，于是有了丹阳之战。

秦国外交行为中所谓的"谋诈用"，最典型的例证就是楚怀王的悲剧遭遇。

秦昭王致书楚怀王：秦楚为邻国，历来互为婚姻，关系和睦。如今两国交恶，"无以令诸侯"。我愿意与您在武关会面，以便结盟。楚怀王信以为真，前往武关。结果秦昭王派兵埋伏在武关，扣押怀王，索要土地。但楚国另立新王作为回应。秦昭王大怒，派兵出武关攻打楚国，大败楚军，斩首五万，"取析十五城而去"。①

秦昭王以正式国书，诱骗"为婚姻，所从相亲久矣"的邻国国君，对其进行武力扣押，胁迫其至咸阳。这种恶劣的欺诈手段的使用，宣太后是否参与决策，我们没有真确的材料证明。但是如此重大的国际事件，如果说宣太后完全不知晓，可能性是不大的。

### 7."唐且"故事

秦昭王时代另一外交史故事，主人公是"唐且"。唐且就是唐雎。

《史记·魏世家》有关于唐雎见秦王的记录："齐、楚相约而攻魏，魏使人求救于秦，冠盖相望也，而秦救不至。"于是唐雎主动请命前往秦国，当时他已有九十多岁。他见到秦王，秦王说："魏国多次前来求救，我已经知道魏国情势危急了。"唐雎对秦王强调了魏国和秦国相重相倚的关系，指出魏国之形势危急，将有助于增强齐、楚两国国力，而不利于秦国；警告如果秦不对魏国施以援手，则秦将失"东藩之魏"②。于是秦昭王紧急发兵救魏，"魏氏复定"。唐雎和秦王的对话，体现出坚定而灵活的外交家风范。《史记》的相关

---

① 《史记》卷四〇《楚世家》，第1725页、第1727—1729页。
② 《史记》卷四四《魏世家》，第1855页。

## 八 纵横短长:宣太后时代的列国志

文字,可以看作上古外交史记录中闪光的一页。

《战国策·魏策四》"秦魏为与国"条也有关于唐且劝说秦王发兵,日夜兼程前往魏国,齐国与楚国听说后撤兵,魏国得以保全的记录。①

唐且和秦王的另一次对话,也记录在《战国策·魏策四》里。这一故事,题为"唐且不辱使命",列入《古文观止》,又收录在中学语文教科书中,因此为人们所熟悉。《战国策》中的原文,题为"秦王使人谓安陵君",讲述了秦王派人对安陵君说要以五百里地方交换安陵,希望安陵君同意,然而为安陵君拒绝:"大王加惠,以大易小,甚善。虽然,受地于先生,愿终守之,弗敢易。"秦王很不高兴。

于是,安陵君派遣唐且出使秦国。这次外交会谈留下了文字记录。秦王语带威胁:"我以五百里之地交换安陵,安陵君不肯,是什么原因?我秦国已经灭掉韩国和魏国,安陵君地小而存,只是因为我尊重长者。如今我用十倍之地来交换,而安陵君居然不愿意,莫非是轻视于我?"唐且回答:"并非如此,只是安陵君想守护祖先留下来的基业,就算是千里之地他也不愿交换,何况区区五百里!"秦王恼怒,以"天子之怒"为恐吓,说"天子之怒,伏尸百万,流血千里"。

---

① 《战国策》卷二五《魏策四》,第 911—912 页。

唐且则针锋相对，回应以"布衣之怒"。他告诉秦王，布衣之怒并非"免冠徒跣，以头抢地尔"："夫专诸之刺王僚也，彗星袭月；聂政之刺韩傀也，白虹贯日；要离之刺庆忌也，仓鹰击于殿上。此三子者，皆布衣之士也，怀怒未发，休祲降于天，与臣而将四矣。若士必怒，伏尸二人，流血五步，天下缟素，今日是也。"说着他拔剑而起，秦王脸上变色，"长跪而谢之曰：先生坐，何至于此，寡人谕矣。夫韩、魏灭亡，而安陵以五十里之地存者，徒以有先生也"。①

秦王以"天子之怒"相威胁，可能是外交语言表达的常态。而唐且所谓"布衣之怒"的回应，表现出勇敢抗击强权的英雄主义气势。在对话中，两人都说到"伏尸""流血"，这种激切的语言方式，可能正符合当时外交对话的气氛。

唐且故事亦列入《说苑·奉使》，被视作"出境可以安社稷、利国家者"的外交史典型范例。②

8. 渑池"好会"

《史记》中还记录了秦王与赵王之间的渑池之会，这也是一次著名的"好会"。以此为背景，发生了蔺相如机智维护国家声誉的故事。

---

① 《战国策》卷二五《魏策四》，第922—923页。
② 《说苑校证》，第292页。

## 八　纵横短长：宣太后时代的列国志

在蔺相如"完璧归赵"之后，秦国攻打赵国，"拔石城"，第二年又攻打赵国，"杀二万人"。随后，秦王主动提出与赵王"好会"。《史记·廉颇蔺相如列传》有这样的记载：秦王派使者告诉赵王，要在西河外渑池与其"好会"。赵王心怀畏惧，不愿赴会。而朝中文武重臣廉颇、蔺相如商议说，赵王不去赴会的话，会显得赵国"弱且怯"。赵王于是启程，蔺相如随行。廉颇送他们到边境，与赵王诀别。廉颇提出预案：您此行如果三十天还没有回来，那就要立太子为王，"以绝秦望"。这一建议得到了赵王的赞同。

渑池之会上，秦王喝酒喝得高兴，便要求赵王鼓瑟。秦国御史于是记录道："某年月日，秦王与赵王会饮，令赵王鼓瑟。"见此情形，蔺相如上前要求秦王"奏盆缶，以相娱乐"，秦王大怒。于是蔺相如捧缶跪请秦王，秦王仍不肯击缶。蔺相如威胁说："五步之内，相如请得以颈血溅大王矣！"并对持刀护驾的侍卫张目叱之。无奈之下，秦王不得不击缶。蔺相如随即要求赵国御史将之作为史实予以记录："某年月日，秦王为赵王击缶。"蔺相如的机智和强硬，还表现在后来的辩争中。"秦之群臣曰：'请以赵十五城为秦王寿'。蔺相如亦曰：'请以秦之咸阳为赵王寿。'"一直到会面结束，"秦王竟酒，终不能加胜于赵"。[1]

---

[1] 《史记》卷八一《廉颇蔺相如列传》，第 2442 页。

渑池之会的细节，告诉我们"好会"的通常程式有"会饮""饮酒酣"等情节，而"鼓瑟""击缶"这样的音乐演奏，可能也是惯常节目。渑池"好会"或许可以看作外交史上的一件标本。因冲突产生的情感动作表现，如"怒""欲刃""张目叱之"等，只是"好会"进行的异常情态。

在外交场所，双方会一心追求胜于对方。秦国占有军事优势，而蔺相如智勇兼备，捍卫了国家尊严，维护了国家利益。渑池之会上，秦王强势欺凌赵王，这些脸谱化的历史形象的生成，或许与秦二世而亡，后世批评秦的历史声响分贝值甚高有关。

"好会"一词的使用，在《史记》之后浩瀚如海的正史文献中，仅《晋书》一见，《明史》一见。史学用语中"好会"的淡出，也是有意思的文化现象。

《晋书》卷九二《文苑传·应贞》："脩时供职，入觐天人。备言锡命，羽盖朱轮。贻宴好会，不常厥数。""发彼互的，有酒斯饫。"这是在晋武帝"于华林园宴射"时所赋诗句，与作为外交方式的"会"全然无关。[1] 此"好会"，《汉语大词典》解释为"泛指盛会"。[2] 而《明史》卷三二〇《外国列传

---

[1] 〔唐〕房玄龄等撰：《晋书》，中华书局，1974年，第2371页。
[2] 罗竹风主编《汉语大词典》第4卷，第291页。

## 八　纵横短长：宣太后时代的列国志

一·朝鲜》中"将士分道进兵，刘綎进逼行长营，约行长为好会"①对"好会"一语的使用，看来大致与《史记》相同。《明史》文例，可以视为对《史记》行文习惯的继承。

但是，在海量的主流史学记叙中，"好会"这一语汇长期蒙受的冷遇似乎表明它已被排斥在史学通行语之外。"好会"，或许可以看作太史公带有鲜明独特的意识倾向的风格新异的专门用语，是其史学个性的一个标志。

《说苑·奉使》有"晋楚之君相与为好会于宛丘之上"，此句或读作"晋、楚之君，相与为好，会于宛丘之上"。② "好会"已经被释读者拆解。在一些常用工具书中，如上海辞书出版社《辞海》（2009年9月版）、商务印书馆《辞源》（2015年10月版）、三民书局《大辞典》（2000年6月版）等，均不列"好会"词条，可知这一语汇已基本退出社会应用。这样说来，关注《史记》对"好会"的使用，对于从外交史的视角考察和理解司马迁的思想及《史记》的内涵，应当具有特别的积极意义。

渑池"好会"，是一个重要的外交事件，如果说宣太后对此完全不关注，可能并不符合历史真实。

---

① 〔清〕张廷玉等撰：《明史》，中华书局，1974年，第8299页。
② 《说苑疏证》，第335页。

## 9. 对"挟诈失信""不义不信"的批判

宋代学者洪迈在回顾秦史时,指责宣太后时代参与秦国最高行政决策的魏冉在政治道德方面的罪过:"自汉以来,议者谓秦之亡由商鞅、李斯。鞅更变法令,使民不见德,斯焚烧《诗》《书》,欲人不知古,其事固然。予观秦所以得罪于天下后世,皆自挟诈失信故耳。"以为"挟诈失信"致使天下反秦。而始作俑者,在于魏冉等。"其始也,以商於六百里啖楚绝齐,继约楚怀王入武关,辱为藩臣,竟留之至死。及其丧归,楚人皆怜之,如悲亲戚。诸侯由是不直秦。未及百年,'三户亡秦'之语遂验。而为此谋者,张仪、魏冉也。仪之恶不待言,而冉之计颇隐,故不为士君子所诛。"

洪迈说,魏冉支持秦昭王即位有功,宣太后和魏冉这一对姐弟组合控制了秦政,魏冉在外交、军事方面也有特殊的表现。洪迈认为,扣留楚怀王,夺取楚国十六城时,秦昭王不过十余岁,因此,此事是魏冉所为;在秦赵渑池之会中,秦处心积虑,也是在使诈。洪迈对太史公所说"秦益强大者,冉之功也"提出了不同看法,认为"冉区区匹夫之见,徒能为秦一时之功,而诒秦不义不信之名万世不灭者,冉之罪诚大矣"[①]。

---

① 《容斋随笔》卷九"魏冉罪大"条,〔宋〕洪迈撰:《容斋随笔》,孔凡礼点校,中华书局,2005年,第737—738页。

## 八 纵横短长:宣太后时代的列国志

这段指责魏冉的文字,其实可以看作对宣太后的直接批判。但在秦国"太后自治事,任冉为政"的时代,政策比较灵活实际,不受东方文化"义""信"等道德准则约束,这一策略是秦国得以强大的重要因素之一。

宣太后等在军事外交方面无视传统游戏规则,不按常规出牌的策略手段,受到当时人和后世人的批评。洪迈所指秦之"挟诈失信",其实可以和死板偏执地恪守道德传统而终致败亡的宋襄公之事迹对照理解。对于"信""义"的价值取向在军事外交实践中这两种极端表现,因文化立场差异,会有不同的评判,但是就实际效用而言,区别是显而易见的。

其实,司马迁在分析当时形势时,有"方秦之强时,天下尤趋谋诈"的说法。他称赞樗里子、甘茂、甘罗等人的"奇""智":"樗里子以骨肉重,固其理,而秦人称其智,故颇采焉。甘茂起下蔡闾阎,显名诸侯,重强齐楚。甘罗年少,然出一奇计,声称后世。虽非笃行之君子,然亦战国之策士也。"[①]可知战国时期"天下尤趋谋诈",是时代使然。

---

① 《史记》卷七一《樗里子甘茂列传》,第2321页。

# 九 "义渠戎"问题

秦文化深受西戎文化影响，东方国家长期视秦人为夷狄。秦因具有可能来自西戎文化基因的突出的进取精神和英雄主义，被东方人视作"虎狼之国"。《史记》多卷都记录了时人有关秦"虎狼之国"的言辞。类似的说法，还有"秦与戎翟同俗，有虎狼之心，贪戾好利无信，不识礼义德行"①等。贾谊《过秦论》批评秦"仁义不施"，司马贞《索隐》："言秦虎狼之国，其仁义不施及于天下，故亡也。"②"虎狼"之喻，和秦与"夷翟""戎翟"关系密切有关。但也许正是这种可以比之为"虎狼"的勇猛急悍的文化特征，成为秦能够通过战争手段和

---

① 《史记》卷四四《魏世家》，第1857页。
② 《史记》卷四八《陈涉世家》，第1965页。

## 九 "义渠戎"问题

军事方式实现统一的重要因素之一。

"义渠戎"与秦长期保持着复杂的关系,双方时而亲近,时而对抗,甚至时而发生激烈的战事。在宣太后时代,秦解决了西北方向的"义渠戎"问题,国力更为强大,同时再无后顾之忧,可以全力东进。

### 1. 西北"勇武"之风

关于秦汉时期人才分布的区域形势,《汉书·赵充国辛庆忌传》说:"秦汉已来,山东出相,山西出将。"①《后汉书·虞诩传》也说:"谚曰:'关西出将,关东出相。'"②

班固在《汉书·赵充国辛庆忌传》的最后有一段关于人才地理学的著名分析。他不仅指出了秦汉以来名将多出"关西"的历史事实,还讨论了导致这一社会文化现象产生的重要的历史背景:"秦汉已来,山东出相,山西出将。秦将军白起,郿人;王翦,频阳人。汉兴,郁郅王围、甘延寿,义渠公孙贺、傅介子,成纪李广、李蔡,杜陵苏建、苏武,上邽上官桀、赵充国,襄武廉褒,狄道辛武贤、庆忌,皆以勇武显闻。苏、辛父子著节,此其可称列者也。其余不可胜数。何

---

① 《汉书》卷六九《赵充国辛庆忌传》,第 2998 页。
② 《后汉书》卷五八《虞傅盖臧列传》,第 1866 页。《晋书》卷一一八《姚兴载记》:"兴如三原,顾谓群臣曰:'古人有言,关东出相,关西出将,三秦饶俊异,汝颍多奇士。'"第 3000 页。

则？山西天水、陇西、安定、北地处势迫近羌胡，民俗修习战备，高上勇力鞍马骑射。故《秦诗》曰：'王于兴师，修我甲兵，与子皆行。'其风声气俗自古而然，今之歌谣慷慨，风流犹存耳。"

他认为，其风"勇武"的原因是"处势迫近羌胡"。

2. "义渠道"与"义渠道"出身的名将

班固这段话说到战国秦汉名将十五人，其中首列秦将军白起、王翦。但也许义渠公孙贺、傅介子更值得注意。[①]

公孙贺与傅介子都是义渠人。西汉名人中出身义渠者，还有公孙敖等。据《汉书·地理志》记载，北地郡有义渠道。公孙贺与傅介子都出身于这里。可见西汉时期，北地郡仍有义渠人集中的地方。义渠道的存在，也可以理解为战国时期义渠曾经强盛一时的历史记忆的遗存。

道是县级行政单位。秦汉制度，在被称为蛮夷的少数民族聚居区设置县级单位，称为"道"。也就是说，"道"一般设置于少数民族聚居地区。严耕望在《唐代交通图考·序言》中指出："汉制，县有蛮夷曰道，正以边疆少数民族地区，主要行政措施惟道路之维持与控制，以利政令之推行，物资之

---

① 《汉书》卷六九《赵充国辛庆忌传》，第2998—2999页。

## 九 "义渠戎"问题

图 9-1 秦"义渠"封泥

集散,祈渐达成民族文化之融和耳。"①"道"之所在,大都处于交通条件恶劣的山区。很可能道之得名,就是为了强调交通道路对于在这种特殊地理条件和特殊民族条件下实施政治管理的重要作用。也许在交通条件较为落后的少数民族聚居地区,政府当时所能够控制的,仅仅限于联系主要政治据点的交通道路。即中央政府在这些地区实际只控制着若干点与线,尚无能力实施全面的统治。秦时陇西郡有狄道、绵诸道、獂道;蜀郡有湔氐道、僰道、严道等。根据《汉书·地理志》的记载,西汉时"道"的设置又有增加。北地郡有三个道:除道、略畔道、义渠道。

义渠道出身的公孙贺,在汉武帝时代曾经任相。傅介子在西域立功,名扬一时。班超决意往西域博取功名,就是受到张骞、傅介子事迹的激励。《后汉书·班超传》:"久劳苦,

---

① 严耕望:《唐代交通图考》第1册,上海古籍出版社,1985年,第1页。

尝辍业投笔叹曰:'大丈夫无它志略,犹当效傅介子、张骞立功异域,以取封侯,安能久事笔研间乎?'"①

3."义渠"之遗风与"山西之猛性"

西汉初期,人们谈论边疆与民族问题,仍然使用"义渠"这一指示族属聚居信息的人文地理词汇。汉文帝时,匈奴入侵导致了严重边患,威胁汉地的和平生产。汉文帝发兵防御匈奴。号称"智囊"的晁错上书建议,利用其他民族的力量共同抗击匈奴。晁错提示战争的发起必须谨慎,如果出现失误,则悔之不及。比较周全的谋略是利用"降胡义渠蛮夷之属来归谊者",他们人数可观,风习能力与匈奴相同,可以予以武装,选择了解其习俗,能够团结其部众的"明将"指挥调度,负责"有险阻"之处的防御,与负责守备"平地通道"的汉家车兵彼此策应,相互配合。这样的做法,堪称"万全之术"。晁错的建议,明确说到对"降胡义渠蛮夷之属"的利用。这是上呈皇帝的正式文书,其中义渠称谓,无疑符合官方认可的社会语言习惯。②

汉宣帝时,光禄大夫义渠安国曾经巡视诸羌,处理汉与羌的矛盾。这位义渠安国,是姓义渠名安国的官员。《后汉

---

① 《后汉书》卷四七《班超传》,第1571页。
② 《汉书》卷四九《晁错传》,第2283页。

书·西羌传》也提及"宣帝时，遣光禄大夫义渠安国"处理羌事的事迹。① 此人熟悉诸羌事务，体现出其民族渊源的亲近。《资治通鉴》卷二五"汉宣帝元康四年"记载："光禄大夫义渠安国使行诸羌。"胡三省解释说："战国时，西戎有义渠君，为秦所灭；子孙以国为姓。"②宋代学者邓名世介绍"义渠"这个姓的来历时，这样写道："义渠，狄国，为秦所灭，因氏焉。汉有光禄大夫义渠安国，宣帝时使行觇诸羌。"③明人陈士元讨论"汉晋复姓后代少见"现象时，举出了"义渠安国"一例。④ 看来西汉时期作为姓氏存留的义渠这一民族符号的遗存，后代渐渐生疏了。

对于"山西"多出军事人才的原因，《艺文类聚》引《春秋元命苞》说道：并州，"其气勇抗"；雍州，"其气险也"。⑤《后汉书·段颎传》说，武威姑臧人段颎"少便习弓马，尚游侠"，率军平定羌人之乱，"涉履霜雪，兼行晨夜，身当矢石，感厉吏士"，屡立奇功，因为字纪明，与皇甫威明、张

---

① 《后汉书》卷八七《西羌传》，第2877页。
② 《资治通鉴》，第836页。
③ 〔宋〕邓名世撰：《古今姓氏书辩证》，王力平点校，江西人民出版社，2006年，第435页。
④ 〔明〕陈士元撰：《名疑》，文渊阁《四库全书》本，第49页。
⑤ 〔唐〕欧阳询撰：《艺文类聚》，汪绍楹校，上海古籍出版社，1965年，第115—116页、第114页。

然明并知名显达,京师称为"凉州三明"。范晔在赞语中于是有"山西多猛,三明俪踪"的说法。① 《后汉书·西羌传》关于段颎事迹也写道:"段颎受事,专掌军任,资山西之猛性,练戎俗之态情,穷武思尽飙锐以事之。被羽前登,身当百死之陈,蒙没冰雪,经履千折之道,始珍西种,卒定东寇。"②

所谓"山西多猛""山西之猛性",都体现出区域文化风格即"风声气俗"的基本特质。这一文化风格的形成,是与"戎俗"相联系的,也就是班固所说的"处势迫近羌胡,民俗修习战备,高上勇力鞍马骑射"。

《华阳国志·蜀志》所谓秦地风俗"多悍勇"③,也应与"羌胡""戎俗"等文化气象和民俗特征有关。

### 4."秦"与"戎"的长久纠葛

回顾秦人的历史,确实可以看到其一方面与西北少数民族摩擦、竞争、攻夺,而另一方面亦与之亲近、交流、融合,在此过程中,秦国逐步强大。

秦人先祖有与"戎"密切交往的历史。

周孝王时代,秦人除与"西戎"部族通婚外,又与"戎"实

---

① 《后汉书》卷六五《皇甫张段列传》,第2154页。
② 《后汉书》卷八七《西羌传》,第2900页。
③ 〔晋〕常璩撰,任乃强校注:《华阳国志校补图注》,上海古籍出版社,1987年,第113页。

## 九 "义渠戎"问题

现民族团结,"保西垂,西垂以其故和睦"。周王朝肯定其成就,利用秦人的这一优长之处,"分土为附庸","以和西戎"。秦人因此成为周王朝承认的附属政治实体。

秦人又曾经与"西戎"持续进行武装争夺。周厉王时代,"无道,诸侯或叛之"。当时"西戎"强盛,对周王室持敌对态度,灭犬丘大骆之族。周宣王即位,以秦人领袖秦仲为大夫,令其诛伐西戎。西戎杀秦仲。秦仲有五个儿子,长子就是庄公。周宣王于是召庄公兄弟五人,给予他们兵士七千人,令其攻伐西戎,庄公等击破西戎。

秦仲的后人得到其先祖曾经控制的大骆及犬丘地方,被任命为西垂大夫。大致在今天甘肃天水礼县这个地方,秦人得到了初步发展的空间。而在这一条件获得的背后,秦人经历了与"西戎"的残酷战争。庄公的长子世父为了报戎人杀祖父之仇,率兵击戎,甚至将继承权让给弟弟襄公。秦襄公二年(前776),戎人围犬丘,世父击之,被戎人俘虏,一年多之后才得释放。

周幽王专宠褒姒,废太子,立褒姒子为嫡,"数欺诸侯,诸侯叛之。西戎犬戎与申侯伐周,杀幽王郦山下。"而秦襄公率兵救周,作战奋勇,有功。周避犬戎之难,东迁洛阳,秦襄公以兵送周平王。于是,"平王封襄公为诸侯,赐之岐以西之地",宣布"戎无道,侵夺我岐、丰之地,秦能攻逐戎,即

131

有其地"。秦襄公于是正式立国。五年之后，伐戎而至岐地。

后来，秦文公以兵伐戎，戎败走。"于是文公遂收周余民有之，地至岐，岐以东献之周。"

可以说，秦早期发展的历史就是与"西戎"交往的历史，交往的重要形式之一就是战争。克劳塞维茨曾经说："战争是一种人类交往的行为。"[1]与这一观点类似，马克思和恩格斯也曾经指出：战争本身"是一种经常的交往形式；在传统的、对该民族来说唯一可能的粗陋生产方式下，人口的增长越来越需要新的生产资料，因而这种交往越来越被加紧利用"[2]。

通过对戎人武装斗争的胜利，秦向东向西均有扩张。秦武公元年（前697），伐戎人彭戏氏，至于华山下。秦武公十年（前688），伐邽、冀戎，在这里初置县。

秦穆公执政时期，秦国取得空前大发展。"伐戎王，益国十二，开地千里，遂霸西戎。天子使召公过贺缪公以金鼓。"[3]

秦国正是通过击败戎王，在西戎控制地方形成权威，实现了版图的空前扩张。秦穆公的霸权也得到周天子的承认。

---

[1] 克劳塞维茨：《战争论》第1卷，中国人民解放军军事科学院译，解放军出版社，1964年，第179页。
[2] 马克思、恩格斯：《德意志意识形态》，《马克思恩格斯选集》第1卷，人民出版社，2012年，第206页。
[3] 《史记》卷五《秦本纪》，第194页。

## 九 "义渠戎"问题

### 5. "义渠来赂"与"义渠伐秦"

春秋晚期至战国时期,义渠是邻近秦的西戎中最强大的一支。

《史记·匈奴列传》记载,义渠为"西戎八国"之一。在"岐、梁山、泾、漆之北有义渠、大荔、乌氏、朐衍之戎"[1]。"义渠"位列第一。其活动区域,在今天陕西关中的西北方向。

据《史记·六国年表》,秦厉共公六年(前471)"义渠来赂"[2]。可见"义渠"有相当的经济实力。

秦厉共公三十三年(前444),"伐义渠,虏其王"。

秦躁公十三年(前430),"义渠伐秦,侵至渭阳"[3]。

秦与义渠之间,实力强弱与攻守关系在反复变化。双方的战争互有胜负,"(秦)伐义渠"和"义渠伐秦"交错发生。而秦"伐义渠,虏其王",似显示秦占据一定的优势。

图9-2 秦"义渠中部"封泥

---
[1] 《史记》卷一一〇《匈奴列传》,第2883页。
[2] 《史记》卷一五《六国年表》,第689页。
[3] 《史记》卷一五《六国年表》,第700页。

133

### 6."义渠君为臣"

秦惠文王时,秦与义渠的关系因秦国力上升出现新的局面。

据《史记·六国年表》记载,秦惠文王七年(前331),"义渠内乱,庶长操将兵定之"。四年之后,秦惠文王十一年(前327),"义渠君为臣"[1]。秦协助平定义渠内乱,把握了与义渠戎关系的主动性。所谓"义渠君为臣",说明义渠君已然称臣。

秦惠文王更元五年(前320),秦惠文王通过义渠控制的地方北至"河上"[2]。这正是芈八子为"惠王之妃"的时候。此说见于《史记·穰侯列传》司马贞《索隐》。[3]

芈八子是否随同秦惠文王"北游""至河上",是否有结识义渠王的可能性,都没有史籍材料可资探考。

### 7."宣太后诈而杀义渠戎王于甘泉"

《史记·匈奴列传》记载:"其后义渠之戎筑城郭以自守,而秦稍蚕食,至于惠王,遂拔义渠二十五城。惠王击魏,魏尽入西河及上郡于秦。秦昭王时,义渠戎王与宣太后乱,有二子。宣太后诈而杀义渠戎王于甘泉,遂起兵伐残义渠。于

---

[1] 《史记》卷一五《六国年表》,第729页。
[2] 《史记》卷一五《六国年表》,第731页。
[3] 《史记》卷七二《穰侯列传》,第2323页。

是秦有陇西、北地、上郡，筑长城以拒胡。"①秦全面控制了今陇东、陕北和宁夏部分地方，直接与草原胡族接境。

秦侵义渠，得二十五城，事在秦惠文王更元十一年（前314）。而所谓"义渠戎王与宣太后乱，有二子"，以及"宣太后诈而杀义渠戎王于甘泉，遂起兵伐残义渠"，是秦政治领袖处理边疆民族关系的重要表现，"杀义渠戎王"及"起兵伐残义渠"的重要决策，成为秦史中重要的战略转折。而宣太后与"义渠戎王""乱"而有子，又"诈而杀义渠戎王"，鲜明表现出这位女子的心理特质与情感倾向。

范雎见秦昭王时，秦昭王说："寡人宜以身受命久矣，会义渠之事急，寡人旦暮自请太后；今义渠之事已，寡人乃得受命。"②《史记·范雎蔡泽列传》的这段文字，说明"义渠之事"是当时军国公务中最急迫的大事。秦昭王虽参与处置，但是需频繁请示太后。宣太后无疑是处理义渠问题的最高决策者。

宣太后以战争手段解决了义渠问题，大致控制了西北方面。从魏国得到的西河、上郡以及此次平定的陇西、北地，成为秦稳定的后方，秦军东进不再有后顾之忧，东方军事的

---

① 《史记》卷一一〇《匈奴列传》，第2885页。
② 《史记》卷七九《范雎蔡泽列传》，第2406页。

持续进取获得了重要保障。

义渠戎问题的彻底解决,对于后来秦实现统一的战略意义及重要性不言而喻。

### 8."秦地半天下"

秦惠文王时代兼并巴蜀,宣太后作为"惠王之妃",应当亲历了这一成功军事战略的策划与实践。此后,"蜀既属秦,秦以益强,富厚,轻诸侯"[①]。而通过"伐残义渠"实现对于秦的北方和西北方的进取,宣太后取得的成功,其意义不逊于她的夫君对巴蜀的兼并。

宣太后时代,秦国实现对上郡、北地的控制,疆土已经跨越了南北十个纬度。秦上层执政集团可以跨多纬度空间进行区域控制,获得了对游牧区、农牧并作区、粟作区、麦作区以及稻作区兼行管理的条件,这是后来对统一王朝不同生态区和经济区实施全面行政领导的前期演习。当时的东方六国,没有一个国家具备从事这种政治实践的条件。

据《史记·张仪列传》记载,张仪说楚王,欲破解东方诸国合纵抗秦之势,"秦地半天下,兵敌四国,被险带河,四塞以为固。虎贲之士百余万,车千乘,骑万匹,积粟如丘山。法令既明,士卒安难乐死,主明以严,将智以武,虽无

---

① 《史记》卷七〇《张仪列传》,第 2284 页。

## 九 "义渠戎"问题

出甲，席卷常山之险，必折天下之脊，天下有后服者先亡。且夫为从者，无以异于驱群羊而攻猛虎，虎之与羊不格明矣。今王不与猛虎而与群羊，臣窃以为大王之计过也"。

张仪分析了秦楚关系及其力量对比："凡天下强国，非秦而楚，非楚而秦，两国交争，其势不两立。大王不与秦，秦下甲据宜阳，韩之上地不通。下河东，取成皋，韩必入臣，梁则从风而动。秦攻楚之西，韩、梁攻其北，社稷安得毋危？"指出了秦联络韩、魏攻楚的可能。张仪说："且夫从者聚群弱而攻至强，不料敌而轻战，国贫而数举兵，危亡之术也。臣闻之，兵不如者勿与挑战，粟不如者勿与持久。夫从人饰辩虚辞，高主之节，言其利不言其害，卒有秦祸，无及为已。是故愿大王之孰计之。"

对于秦对楚的直接威胁，即"秦兵之攻楚也"的可能，张仪说："秦西有巴蜀，大船积粟，起于汶山，浮江已下，至楚三千余里。舫船载卒，一舫载五十人与三月之食，下水而浮，一日行三百余里，里数虽多，然而不费牛马之力，不至十日而距扞关。扞关惊，则从境以东尽城守矣，黔中、巫郡非王之有。秦举甲出武关，南面而伐，则北地绝。秦兵之攻楚也，危难在三月之内，而楚待诸侯之救，在半岁之外，此其势不相及也。夫恃弱国之救，忘强秦之祸，此臣所以为大王患也。"张仪所谓"秦兵之攻楚也，危难在三月之内，而楚待诸侯之救，在半岁之外，此其势不相及也"，正切及秦"远交近攻"战略的合理性。他又回顾了楚与吴的战争："大王尝与吴人战，五战而三胜，阵卒尽矣；偏守新城，存民苦矣。臣闻功大者易危，而民敝者怨上。夫守易危之功而逆强秦之心，臣窃为大王危之。"

就楚与秦的对抗，张仪也回顾了相关战例："且夫秦之所以不出兵函谷十五年以攻齐、赵者，阴谋有合天下之心。楚尝与秦构难，战于汉中，楚人不胜，列侯执珪死者七十余人，遂亡汉中。楚王大怒，兴兵袭秦，战于蓝田。此所谓两虎相搏者也。夫秦楚相敝而韩魏以全制其后，计无危于此者矣。愿大王孰计之。"

张仪又发表了秦军"攻卫阳晋"，而楚军"攻宋"，即同时用兵东方各取其利的设想："秦下甲攻卫阳晋，必大关天下之匈。大王悉起兵以攻宋，不至数月而宋可举，举宋而东指，则泗上十二诸侯尽王之有也。"①

---

① 楚以"泗上十二诸侯"作为扩张的空间对象，是符合后来楚国向东北方向迁都的趋势的。楚都起初在江陵郢城（今湖北江陵），楚顷襄王迁至陈（今河南淮阳），于是其统治中心由江滨向北移动，迁到淮滨。其地邻鸿沟，已经处于方城以外。此后，楚都又迁至巨阳（今安徽阜阳北），楚考烈王又迁都至寿春（今安徽寿县）。楚都沿淮河向东移动的迹象是非常明显的。人们可以察觉，楚在向北进取中原的同时，似乎又有趋东避秦兵锋的倾向。王子今：《战国秦汉时期楚文化重心的移动——兼论垓下的"楚歌"》，《北大史学》第12辑，北京大学出版社，2007年。

## 九 "义渠戎"问题

张仪前说秦"席卷常山之险，必折天下之脊"，司马贞《索隐》："按：常山于天下在北，有若人之背脊也。"这里又说"秦下甲攻卫阳晋，必大关天下之匈"，司马贞《索隐》："攻卫阳晋，大关天下胷。夫以常山为天下脊，则此卫及阳晋当天下胷，盖其地是秦、晋、齐、楚之交道也。以言秦兵据阳晋，是大关天下胷，则他国不得动也。"[1]这是典型的以身体为比喻，说明天下军事政治形势的辩术。其实，"天下之脊"与"天下之匈"即"天下之胸"，是可以与"秦地半天下"的说法对应理解的。"天下之匈"，指"天下"的重心位置。"天下之脊"，则在某种意义上有"天下"中轴的意义。

辩士当时"天下之脊""天下之匈"以及"秦地半天下"等言辞，有夸张以恫吓的语气。但是可以说，"秦地半天下"的形势，在宣太后"伐残义渠"之后，已经确定实现了。

---

[1] 《史记》卷七〇《张仪列传》，第 2289—2292 页。

# 一〇 宣太后时代的"商君之法"

商鞅和"商君之法"影响了秦史的走向。商鞅和宣太后的人生轨迹，可能未曾在政治史中有过交集。然而宣太后主政时代，"商君之法"依然在秦国社会产生着影响。商鞅的行政风格，也左右着秦的军事与外交。

1. 宣太后与商鞅的人生是否有交集？

宣太后早年在楚国时，商鞅曾经作为秦国使臣出使楚国。江陵秦家嘴楚墓竹简有"秦客公孙鞅聘于楚之岁，八月庚子之日，野以其有病之"简文。① 江陵天星观 1 号墓出土竹

---

① 晏昌贵：《秦家嘴"卜筮祭祷"简释文辑校》，《湖北大学学报》（哲学社会科学版）2005 年第 1 期。

一〇　宣太后时代的"商君之法"

简简文"秦客公孙鞅闻(问)王于菽郢之岁"①，也证明商鞅曾经在楚国活动。② 不过，当时少年宣太后应当没有机会见到这位秦国的政治家。等她出嫁秦国，成为秦惠文王之妃时，商鞅已经被处死。

关于商鞅之死，《史记·秦本纪》写道："孝公卒，子惠文君立。是岁，诛卫鞅。鞅之初为秦施法，法不行，太子犯禁。鞅曰：'法之不行，自于贵戚。君必欲行法，先于太子。太子不可黥，黥其傅师。'于是法大用，秦人治。及孝公卒，太子立，宗室多怨鞅，鞅亡，因以为反，而卒车裂以徇秦国。"③《史记·商君列传》有更详尽的记载："秦孝公卒，太子立。公子虔之徒告商君欲反，发吏捕商君。商君亡至关下，欲舍客舍。客人不知其是商君也，曰：'商君之法，舍人无验者坐之。'商君喟然叹曰：'嗟乎，为法之敝一至此哉！'去之魏。魏人怨其欺公子卬而破魏师，弗受。商君欲之他国。魏人曰：'商君，秦之贼。秦强而贼入魏，弗归，不可。'遂内秦。商君既复入秦，走商邑，与其徒属发邑兵北出

---

① 湖北省荆州地区博物馆：《江陵天星观1号楚墓》，《考古学报》1982年第1期。
② 王子今：《楚简所见东周交往史中的"秦客公孙鞅"》，《湖南省博物馆馆刊》第16辑，岳麓书社，2020年。
③ 《史记》卷五《秦本纪》，第205页。

击郑。秦发兵攻商君，杀之于郑黾池。秦惠王车裂商君以徇，曰：'莫如商鞅反者！'遂灭商君之家。"①

《史记·六国年表》对于商鞅悲剧人生的最后落幕，称："商君反，死彤地。"②《史记·赵世家》记："（魏肃侯）十二年，秦孝公卒，商君死。"③《史记·魏世家》载："三十三年，秦孝公卒，商君亡秦归魏，魏怒，不入。"④

宣太后和商鞅可能没有直接的交往，但是两人的生命线索其实已经在很小的空间交错，其中似乎存在某种机缘。而商鞅的文化影响，在宣太后的精神世界，必然产生了深刻的印痕。

2. 商君之谋

商鞅以悲剧方式退出了历史舞台。不过，许多历史观察者注意到，处死商鞅的秦惠文王依然全面推行着商鞅制定的法令政策。

正如《史记·商君列传》裴骃《集解》引《新序》论曰："秦孝公保崤函之固，以广雍州之地，东并河西，北收上郡，国富兵强，长雄诸侯，周室归籍，四方来贺，为战国霸君，秦

---
① 《史记》卷六八《商君列传》，第2237页。
② 《史记》卷一五《六国年表》，第726页。
③ 《史记》卷四三《赵世家》，第1582页。
④ 《史记》卷四四《魏世家》，第1847页。

一〇　宣太后时代的"商君之法"

遂以强,六世而并诸侯,亦皆商君之谋也。"宣太后到秦国之后,应当体验到"商君"消失之后的政治空缺,对于"商君之谋"依然在实践,也会有直接的感受。

秦国的进取虽然取得成效,"然无信,诸侯畏而不亲。……今卫鞅内刻刀锯之刑,外深铁钺之诛,步过六尺者有罚,弃灰于道者被刑,一日临渭而论囚七百余人,渭水尽赤,号哭之声动于天地,畜怨积雠比于丘山,所逃莫之隐,所归莫之容,身死车裂,灭族无姓,其去霸王之佐亦远矣。然惠王杀之亦非也,可辅而用也。使卫鞅施宽平之法,加之以恩,申之以信,庶几霸者之佐哉"[①]。

这一说法虽然严厉指责商鞅之法的冷酷,但是能够直接批评"惠王杀之亦非也",应该算是比较勇敢的政论。可以推知,宣太后对于商鞅之死,应当是有自己的想法的。

---

[①] 《史记》卷六八《商君列传》,第2241页。这段文字,见于《全汉文》卷四〇"刘歆"名下,题《新序论》。又有严可均的分析:"《史记·商君传》赞《集解》引《新序论》。《索隐》曰:'《新序》是刘歆所撰,其中论商君,故裴氏引之。'案:此论今《新序》有之。《新序》刘向撰。而云刘歆,岂向书杂有歆论乎? 亦异闻也。故录之。"〔清〕严可均校辑《全上古三代秦汉三国六朝文》,中华书局,1958年,第349页。董治安主编,庄大钧整理《两汉全书》第十册录于"刘歆"名下,亦题《新序论》,引严可均说,言"兹亦录之"。然而引严可均《史记·商君传》赞《集解》引《新序论》",误作"《史记·商君列传论》裴骃集解引"。董治安主编《两汉全书》,山东大学出版社,2009年,第6044—6045页。

对于所谓"商君之谋",也有"商君之遗谋"的说法,在"商君"之后依然得以继承的意义尤为明朗。《盐铁论·非鞅》竟然延伸至于蒙恬的成功乃至秦二世的败亡。"文学"批评:"商鞅以重刑峭法为秦国基,故二世而夺。""大夫"则不同意"今以赵高之亡秦而非商鞅",反而称颂其影响至于成就统一以及"蒙恬征胡""有利""有功":"昔商君明于开塞之术,假当世之权,为秦致利成业,是以战胜攻取,并近灭远,乘燕、赵,陵齐、楚,诸侯敛衽,西面而向风。其后,蒙恬征胡,斥地千里,逾之河北,若坏朽折腐。何者?商君之遗谋,备饬素修也。故举而有利,动而有功。夫畜积筹策,国家之所以强也。"① 所谓"备饬素修",或误作"备饰素循",清人孙诒让《札迻》卷八曾予以纠正。② 清人姚范《援鹑堂笔记》卷三〇《子部·盐铁论》:"商君之遗谋,备饰素循也。节同饬,循同修。"③ 可知"备饬"除了又作"备饰"外,亦或作"备节"。

3. 商君之法

前引《新论》所谓"卫鞅内刻刀锯之刑,外深铁钺之诛,步过六尺者有罚,弃灰于道者被刑,一日临渭而论囚七百余

---

① 《盐铁论校注》,第94—95页。
② 〔清〕孙诒让著,梁运华点校:《札迻》,中华书局,1989年,第238页。
③ 〔清〕姚范撰:《援鹑堂笔记》,清道光姚莹刻本,第430页。

一〇　宣太后时代的"商君之法"

人,渭水尽赤,号哭之声动于天地,畜怨积雠比于丘山",其实是可以具体分析的。比如"弃灰于道者被刑",可以从畜牧史与巫术文化方面考察其因由。① 所谓"一日临渭而论囚七百余人,渭水尽赤,号哭之声动于天地",也无法找到历史确证。

商鞅变法显著推动了秦富国强兵的进程。贾谊《过秦论》这样评价在芈八子来到秦国之前秦孝公与商鞅的合作如何创造了秦人新的历史形象:"秦孝公据殽函之固,拥雍州之地,君臣固守而窥周室,有席卷天下,包举宇内,囊括四海之意,并吞八荒之心。当是时,商君佐之,内立法度,务耕织,修守战之备,外连衡而斗诸侯,于是秦人拱手而取西河之外。"②秦人对于"天下""四海"的进取雄心已经显现,同时初步拥有了"守战"的实力,进而取得了东进的战功,商鞅的历史作用是显著的。但正如司马迁所说,商鞅"刻薄""少恩",其变法有利于扩张国力,却不利于教化人心。司马迁于是感叹道:"卒受恶名于秦,有以也夫!"③指出商鞅促成了秦国的崛起,却因性情偏执,执法严酷,在秦国未能享有好的声誉。《史记·商君列传》还说,赵良面见商鞅,告诉他

---

① 王子今:《秦法"刑弃灰于道者"试解——兼说睡虎地秦简〈日书〉"鬼来阳(扬)灰"之术》,《陕西历史博物馆馆刊》第8辑,三秦出版社,2001年。
② 《史记》卷六《秦始皇本纪》,第278页;《史记》卷四八《陈涉世家》,第1962页。
③ 《史记》卷六八《商君列传》,第2237页。

"百姓之怨",并警告商鞅"君之危若朝露",指出一旦秦孝公去世,秦国将出现严重不利于商鞅的变故。赵良如下一段话后来成为开明执政者的政治格言:"千羊之皮,不如一狐之掖;千人之诺诺,不如一士之谔谔。武王谔谔以昌,殷纣墨墨以亡。"他建议商鞅应当听取反面的意见。其中所谓"武王谔谔以昌,殷纣墨墨以亡"的比喻,是言辞严正的指责。张守节《正义》明确指出,这是"以殷纣比商君"。①

商鞅在秦恶名昭彰,但是正如《韩非子·定法》所说:"及孝公、商君死,惠王即位,秦法未败也。"②宣太后亲身经历过"车裂商君"事件,对于秦惠文王处死商鞅但坚持贯彻"商君之法"的政策把握可能有较深层次的理解。《韩非子·和氏》写道:"商君车裂于秦。……秦行商君法而富强。"③《韩非子·问田》也指出:"秦行商君而富强。"④

宣太后时代仍然坚持了"行商君法"的政治方向。著名的蔡泽与范雎的对话中七次说到"商君",两位先后被"拜为秦

---

① 《史记》卷六八《商君列传》,第2234—2235页。
② 陈奇猷校注:《韩非子集释》,上海人民出版社,1974年,第906—907页。
③ 陈奇猷校注:《韩非子集释》,第239页。
④ 陈奇猷指出:"案:君下当有法字,高亨谓'行亦用也',未确。盖堂谿公引韩非《和氏篇》语,而《和氏篇》有法字,明此脱法字也。"陈奇猷校注:《韩非子集释》,第904—905页。

## 一〇 宣太后时代的"商君之法"

相"的政治家共同认为商鞅"极身无二虑,尽公而不顾私","为人臣尽忠致功"。蔡泽甚至赞誉商鞅:"为主安危修政,治乱强兵,批患折难,广地殖谷,富国足家,强主,尊社稷,显宗庙,天下莫敢欺犯其主,主之威盖震海内,功彰万里之外,声名光辉传于千世。"又说:"夫商君为秦孝公明法令,禁奸本,尊爵必赏,有罪必罚,平权衡,正度量,调轻重,决裂阡陌,以静生民之业而一其俗,劝民耕农利土,一室无二事,力田稸积,习战陈之事,是以兵动而地广,兵休而国富,故秦无敌于天下,立威诸侯,成秦国之业。功已成矣,而遂以车裂。"[①]可见在宣太后时代,秦国的社会舆论对商鞅的"忠"与"功"是可以正面肯定的。在当时的政治气候下,对于被秦惠文王处以"车裂"和灭族极刑的这位"反者"[②],仍有高层次政治人物予以同情。

宣太后因坚定推行商君之法,对商鞅的认识和评价也许较秦惠文王时代更为客观公允。当然,商鞅受刑已经过去若干年,秦国宗室贵戚对他的"怨望"[③]应当逐渐冷却,这也是以宣太后为代表的秦国执政集团可以较为清醒地看待商鞅的原因之一。

---

① 《史记》卷七九《范雎蔡泽列传》,第 2422 页。
② 《史记》卷六八《商君列传》,第 2237 页。
③ 《史记》卷六八《商君列传》,第 2233 页。

## 一一　魏冉·范雎·薛文

宣太后专政时代前后，秦政治史上几位著名的强势人物都有过精彩的表演。他们的政治影响与宣太后、秦昭王行政史有所结合，成就了秦的国力上升、军威强盛。

1."秦益强大者，穰侯之功也"

宣太后确立了秦昭王的权位之后，即积极介入政治决策。她选择的助手是魏冉。

司马光在《资治通鉴》卷五"周赧王五十年"有关"秦宣太后薨"随即"穰侯出之陶"的记述后，以"臣光曰"的形式肯定了"穰侯"与宣太后的合作对秦国崛起的意义，认为这一历史

一一 魏冉・范雎・薛文

图 11-1 武氏祠石刻"范雎、魏须贾"像

阶段"秦益强大"实"穰侯之功"。①

事实上，宣太后和魏冉当时结成了牢固的政治同盟，实现了默契的政治合作。司马光对魏冉的肯定，就是对宣太后的肯定。所谓"秦益强大者，穰侯之功也"，穰侯之"功"也就是宣太后之"功"。当然，后世史家对魏冉的批评其实也连带到宣太后，如洪迈的评价。

---

① 《资治通鉴》，第 163 页。

宋代学者洪迈曾在《容斋随笔》中指责宣太后时代参与秦国最高行政决策的魏冉在政治道德方面的罪过。[①] 洪迈说，自汉代以来的政论家和历史评论家，都以为秦的短促而亡，罪在商鞅、李斯。商鞅更立新法，使民众放弃道德，李斯焚书，要让人忘记历史传统，这都是事实。但是在他看来，秦之所以为天下后世批判、摒弃，罪在于推崇诈力，不讲信义。最初是以商於六百里土地诱使楚国与齐国绝交，随即约请楚怀王入武关，以藩臣待遇予以侮辱，竟扣押其至身死于秦。楚怀王丧归楚国，楚人皆深心同情，举国如悲亲戚。自此诸侯不再信任和尊重秦国。不到一百年，"楚虽三户，亡秦必楚"的预言果然应验。而策划欺侮楚国之计的，是张仪和魏冉。张仪的恶劣自不待言，而魏冉所起的作用后人并不清楚，所以指责不多。魏冉是秦昭王母宣太后的弟弟，昭王年少，太后自治事，任用魏冉协助执政，一时威震秦国。不过六年，就以诈谋扣留楚王，又因楚国立太子而怒，发军攻取楚国十六城。这时秦昭王不过十余岁，事情的策划者无疑是魏冉。后来魏冉因范雎的建议终于被废逐。司马光以为魏冉"援立昭王，除其灾害"，使诸侯稽首而事秦，秦益强大者，

---

[①] 《容斋随笔》，第737—738页。

一一 魏冉·范雎·薛文

图11-2 武氏祠石刻"范雎、魏须贾"像线描图

是魏冉之功。这是他没有细致考察史实所得出的判断。秦国又曾经处心积虑请赵王会渑池,幸赖蔺相如使秦人计谋破产,否则赵王将遭遇与楚王同样的悲剧命运。魏冉区区匹夫之见,只能为秦国取一时之功,而使得秦人不义不信的名声万世不灭,可知魏冉的罪过确实非常严重。

洪迈对于魏冉的指责,其实可以看作对宣太后的直接批判。宣太后与魏冉合作,控制了秦国政治秩序,把握了秦国政治走向,也在外交、军事行为中有特殊的表现。洪迈批评魏冉"挟诈失信""不义不信",主要是说宣太后主持秦政期间对楚国,特别是对楚怀王采取的特殊计策。

司马光所谓"秦益强大者,穰侯之功也",应当说并没有什么错误。在"太后自治事,任冉为政"的时代,不受东方文化"义""信"道德准则制约的策略方式,确实是致使"秦益强大"的重要因素。宣太后等秦国当时的执政者的外交、军事表现，往往无视传统游戏规则，这种不按常规出牌的策略手段，受到时人和后人的批评，即洪迈所谓"得罪于天下后世"，"诒秦不义不信之名万世不灭"。

洪迈批判的秦之"挟诈失信"，其实可以和死板偏执地恪守道德传统而致国家败亡的宋襄公的事迹对照理解。《史记·宋微子世家》原文为："襄公之时，修行仁义，欲为盟主。"①但是这种"仁""义"，却是不利于在残酷的政治军事竞争中取得实利的。后世有的军事史研究者称之为"蠢猪式的仁义道德"。②

宣太后执政长久，秦人取得的"南拔楚之鄢郢，楚怀王幽死于秦。秦东破齐"，以及"数困三晋"等成就，都是在"秦太后、穰侯用事"，看起来秦国"卒无秦王"即秦王似乎并不起重要作用的阶段实现的，这些都可以看作宣太后时代秦人向东挺进的胜利。

2."倾危之士"范雎

范雎对秦国国政的批评，介入了最高权力者的复杂关系。《史记·穰侯列传》写道："魏人范雎自谓张禄先生，讥穰侯之伐齐，乃越三晋以攻齐也，以此时奸说秦昭王。"范雎

---

① 《史记》卷三八《宋微子世家》，第1633页。
② 毛泽东：《论持久战》，《毛泽东选集》（一卷本），人民出版社，1967年，第460页。

揭示"宣太后专制",首先批评"穰侯擅权"①,又有在秦离宫入"永巷"的刻意表演:"秦安得王?秦独有太后、穰侯耳。"②通过司马迁对当时情境的记述,可以察知范雎的心计:"秦王屏左右,宫中虚无人。秦王跽而请曰:'先生何以幸教寡人?'范雎曰:'唯唯。'有间,秦王复跽而请曰:'先生何以幸教寡人?'范雎曰:'唯唯。'若是者三。秦王跽曰:'先生卒不幸教寡人邪?'范雎曰:'非敢然也。臣闻昔者吕尚之遇文王也,身为渔父而钓于渭滨耳。若是者,交疏也。已说而立为太师,载与俱归者,其言深也。故文王遂收功于吕尚而卒王天下。乡使文王疏吕尚而不与深言,是周无天子之德,而文武无与成其王业也。今臣羁旅之臣也,交疏于王,而所愿陈者皆匡君之事,处人骨肉之间,愿效愚忠而未知王之心也。此所以王三问而不敢对者也。臣非有畏而不敢言也。臣知今日言之于前而明日伏诛于后,然臣不敢避也。大王信行臣之言,死不足以为臣患,亡不足以为臣忧,漆身为厉被发为狂不足以为臣耻。且以五帝之圣焉而死,三王之仁焉而死,五伯之贤焉而死,乌获、任鄙之力焉而死,成荆、孟

---

① 《史记》卷七二《穰侯列传》,第2329页。
② 《史记》卷七九《范雎蔡泽列传》,第2403页、第2406页。

贲、王庆忌、夏育之勇焉而死。① 死者，人之所必不免也。处必然之势，可以少有补于秦，此臣之所大愿也，臣又何患哉！伍子胥橐载而出昭关，夜行昼伏，至于陵水，无以糊其口，膝行蒲伏，稽首肉袒，鼓腹吹篪，乞食于吴市，卒兴吴国，阖闾为伯。使臣得尽谋如伍子胥，加之以幽囚，终身不复见，是臣之说行也，臣又何忧？箕子、接舆漆身为厉，被发为狂，无益于主。假使臣得同行于箕子，可以有补于所贤之主，是臣之大荣也，臣有何耻？臣之所恐者，独恐臣死之后，天下见臣之尽忠而身死，因以是杜口裹足，莫肯乡秦耳。足下上畏太后之严，下惑于奸臣之态，居深宫之中，不离阿保之手，终身迷惑，无与昭奸。大者宗庙灭覆，小者身以孤危，此臣之所恐耳。若夫穷辱之事，死亡之患，臣不敢畏也。臣死而秦治，是臣死贤于生。'"范雎的言辞使"秦王"感动。"秦王跽曰：'先生是何言也！夫秦国辟远，寡人愚不肖，先生乃幸辱至于此，是天以寡人恩先生而存先王之宗庙也。寡人得受命于先生，是天所以幸先王，而不弃其孤也。先生奈何而言若是！事无小大，上及太后，下至大臣，愿先生悉以教寡人，无疑寡人也。'范雎拜，秦王亦拜。"

---

① 勇士"夏育"的故事在汉代民间依然流传。李迎春：《悬泉"夏育"简与汉代西北边塞尚勇之风》，《中国社会科学报》2022年8月18日，第6版。

司马迁接着写道："范雎曰：'大王之国，四塞以为固，北有甘泉、谷口，南带泾、渭，右陇、蜀，左关、阪，奋击百万，战车千乘，利则出攻，不利则入守，此王者之地也。民怯于私斗而勇于公战，此王者之民也。王并此二者而有之。夫以秦卒之勇，车骑之众，以治诸侯，譬若施韩卢而搏蹇兔也，霸王之业可致也，而群臣莫当其位。至今闭关十五年，不敢窥兵于山东者，是穰侯为秦谋不忠，而大王之计有所失也。'"

范雎对宣太后的权势有所顾忌，所以先说外事。"然左右多窃听者，范雎恐，未敢言内，先言外事，以观秦王之俯仰。因进曰：'夫穰侯越韩、魏而攻齐纲、寿，非计也。少出师则不足以伤齐，多出师则害于秦。臣意王之计，欲少出师而悉韩、魏之兵也，则不义矣。今见与国之不亲也，越人之国而攻，可乎？其于计疏矣。且昔齐湣王南攻楚，破军杀将，再辟地千里，而齐尺寸之地无得焉者，岂不欲得地哉，形势不能有也。诸侯见齐之罢弊，君臣之不和也，兴兵而伐齐，大破之。士辱兵顿，皆咎其王，……大臣作乱，文子出走。攻齐所以大破者，以其伐楚而肥韩、魏也。此所谓借贼兵而赍盗粮者也。王不如远交而近攻，得寸则王之寸也，得尺亦王之尺也。今释此而远攻，不亦缪乎！且昔者中山之国地方五百里，赵独吞之，功成名立而利附焉，天下莫之能害也。今夫韩、魏，中国之处而天下之枢也，王其欲霸，必亲中国以为天下枢，以威楚、赵。楚强则附赵，赵强则附楚，楚、赵皆附，齐必惧矣。齐惧，必卑辞重币以事秦。齐附而韩、魏因可虏也。'昭王曰：'吾欲亲魏久矣，而魏多变之国也，寡人不能亲。请问亲魏奈何？'对曰：'王卑词重币以事之；不可，则割地而赂之；不可，因举兵而伐之。'王曰：'寡人敬闻命矣。'乃拜范雎为客卿，谋兵事。卒听范雎谋，使五大夫绾伐魏，拔怀。后二岁，拔邢丘。"[1]

范雎得到秦昭王信用，自然与"远交近攻"正确战略的提出有关，而指出"穰侯为秦谋不忠"也非常关键。后来魏冉被排除出政治中枢，范雎的进言起到了重要作用。

司马光在《资治通鉴》卷五"周赧王五十年"以"臣光曰"的形式高度肯定了"穰侯"对秦国力崛起的贡献，同时指出"范雎之言"的问题。[2] 司马光说，穰侯魏冉支持秦昭王即位，为其清除竞争者，排解政治危局；又推荐白起为将，南伐楚，占领楚的重心地带鄢、郢；又向东扩张，直接与齐国接壤，使天下列国恭敬屈从于秦。秦国逐渐强大，是穰侯魏冉的功劳。虽然他专权骄横贪婪，足以使个人致祸，却并没有

---

[1] 《史记》卷七九《范雎蔡泽列传》，第2408—2410页。
[2] 《资治通鉴》，第163页。

一一　魏冉·范雎·薛文

严重到如范雎所指责的那样。如范雎这样的人物，并非为秦国的国家利益考虑，只是想夺取穰侯的地位，所以力扼其咽喉，致使穰侯失去权势，使秦昭王断绝母子之情义、舅甥之亲恩。范雎真是"倾危之士"啊！"倾危"，可以理解为狡诈，也可以理解为倾覆。司马光以是否"能为秦忠谋"为标尺，评判魏冉和范雎的政治争执，肯定魏冉对"秦益强大"的"功"，对范雎则持批判态度。

3."相邦薛君"事迹

秦昭王九年（前298），"孟尝君薛文来相秦",① 这是秦国引入东方人才推动行政进步的特例，当时正是宣太后主持国政。

据说，秦昭王听说齐国贵族孟尝君贤明，于是让泾阳君赴齐国做人质，以求见孟尝君。孟尝君准备前往秦国，其宾客都不希望他成行，纷纷劝谏，孟尝君不听。苏代以比喻进行劝说："今旦代从外来，见木禺人与土禺人相与语。木禺人曰：'天雨，子将败矣。'土禺人曰：'我生于土，败则归土。今天雨，流子而行，未知所止息也。'今秦，虎狼之国也，而君欲往，如有不得还，君得无为土禺人所笑乎？"于是孟尝君放弃了入秦的计划。②

---

① 《史记》卷五《秦始皇本纪》，第210页。
② 《史记》卷七五《孟尝君列传》，第2354页。

图 11-3
〔明〕仇英绘孟尝君像

孟尝君以其声望和能力一时享誉天下。据《史记·孟尝君列传》载录冯驩的说法:"使齐重于天下者,孟尝君也。今齐王以毁废之,其心怨,必背齐。背齐入秦,则齐国之情,人事之诚,尽委之秦,齐地可得也,岂直为雄也。君急使使载币阴迎孟尝君,不可失时也。如有齐觉悟,复用孟尝君,则雌雄之所在未可知也。"①当然这是孟尝君亲近者冯驩的说法,人们只能引为参考。

《史记·孟尝君列传》的内容存在颇多疑点,但有一点并无人提出质疑:齐湣王二十五年,孟尝君入秦,秦昭王随即任命他为秦相。但有人向昭王进言说,孟尝君贤明,又是齐国亲族,他做秦相,必然先以齐国利益为重,秦国必然危

---

① 《史记》卷七五《孟尝君列传》,第 2361 页。

险。于是秦昭王囚禁了孟尝君,想要杀死他。①

孟尝君派人向昭王的宠妃幸姬求助。幸姬提出要孟尝君的狐白裘。当时孟尝君确实有一袭狐白裘,"直千金,天下无双",但来到秦国即已献给昭王,并没有第二件。孟尝君深为忧虑,问计于宾客,没有人能够给出合理的建议。"最下坐有能为狗盗者,曰:'臣能得狐白裘。'乃夜为狗,以入秦宫臧中,取所献狐白裘至",于是献给秦王幸姬。幸姬替孟尝君向昭王求情,昭王于是释放了孟尝君。

"孟尝君得出,即驰去",变更姓名,伪造通行凭证,试图出关。夜半时分,孟尝君一行抵达函谷关。而秦昭王后悔释放孟尝君,不过"求之已去",于是"使人驰传逐之"。孟尝君来到函谷关,关法规定,"鸡鸣而出客"。正当"孟尝君恐追至"时,"客之居下坐者有能为鸡鸣",使得函谷关"鸡齐鸣",于是得以出关。出关后大约一顿饭的工夫,"秦追果至关",但孟尝君已经出关,追拿他的人不得不返还。②

《史记·孟尝君列传》记载的这一著名的"鸡鸣狗盗"的故事应当可以说明孟尝君曾经来到秦国,但是与《史记·秦本纪》"(秦昭王)九年,孟尝君薛文来相秦"③和《史记·田敬仲

---

① 《史记》卷七五《孟尝君列传》,第2354页。
② 《史记》卷七五《孟尝君列传》,第2355页。
③ 《史记》卷五《秦本纪》,第210页。

图 11-4 《博古叶子》孟尝君像

图 11-5　秦芷阳陵区一号墓盗洞

图11-6 秦芷阳陵区一号墓出土漆豆

完世家》"孟尝君薛文入秦,即相秦"①的记载,似乎并不完全吻合。

孟尝君曾经"相秦"的历史记录的真实性,得到秦东陵一号墓随葬器物的文物证明。这座墓葬于2010年10月8日被盗掘②,破案后收缴的文物中有一件被确定为一级文物的漆木高足豆。这件彩绘漆木豆的制作方法、彩绘纹样、艺术特色等较为特殊③,也有学者提示,这件漆豆的烙印和针刻文字内容非常重要。盘底右边铭文三行十五字:"八年相邦薛君造,雍工市(师)效,工大人申。"左边铭文三行十四字:"八年丞相殳造,雍工师效,工大人申。"研究者指出:"漆豆

---

① 《史记》卷四六《田敬仲完世家》,第210页、第1898页。
② 张振华:《秦东陵大盗》,《一号大墓发现神秘盗洞》,《方圆》2019年第15期。
③ 朱学文:《秦东陵出土漆豆研究》,《文博》2013年第2期。

一　魏冉・范雎・薛文

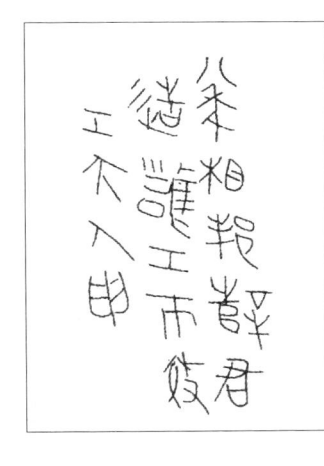

图 11-7　秦芷阳陵区一号墓出土漆豆针刻文字

既作于昭襄王八年，器主即是昭襄王。"①

《史记·秦本纪》说："（秦昭王）九年，孟尝君薛文来相秦。"十年（前297），"薛文以金受免"②。而秦昭王墓出土漆豆铭文"八年相邦薛君"，明确秦昭王八年（前299）孟尝君已经为秦"相邦"。这件漆豆铭文载录的历史信息，可以澄清"孟尝君薛文来相秦"的年代。

宣太后执政时期能够任用"齐族"出身的孟尝君为相，体现出其外交思想的开放。

---

① 王辉、尹夏清、王宏：《八年相邦薛君、丞相殳漆豆考》，《考古与文物》2011年第2期。
② 张守节《正义》："金受，秦丞相姓名。免，夺其丞相。"《史记》卷五《秦始皇本纪》，第210页。

163

## 一二　性情芈八子

史籍所见宣太后与义渠王的"通"与"乱",使得秦国这位掌握国家最高行政权力的女子的道德形象不为传统社会所认可。而《战国策》载录"秦宣太后爱魏丑夫"的故事,以及宣太后在外交言辞中的"淫亵语"为史家所重视,也给这位历史人物的历史形象造成了负面影响。

宣太后情爱生活的特别方式,或许与秦楚地处"辟远",接近夷狄的文化传统有关。① 对于这位女子异于常俗的性情表现,或许应当与"宣太后自治""宣太后专制"②,"宣太后

---

① 《史记》卷三二《齐太公世家》:"是时周室微,唯齐、楚、秦、晋为强。……秦穆公辟远,不与中国会盟。楚成王初收荆蛮有之,夷狄自置。"第1491页。
② 《史记》卷七二《穰侯列传》,第2323页、第2329页。

诈而杀义渠戎王于甘泉，遂起兵伐残义渠"①等政治史现象结合起来理解。

1."义渠戎王与宣太后乱，有二子"

上郡地方位于关中以北，一直以来是农牧业结合发展的地带。② 在有关上郡等地的历史民族地理和历史行政地理的介绍中，《史记·匈奴列传》说到"义渠之戎"的兴起："晋悼公使魏绛和戎翟，戎翟朝晋。后百有余年，赵襄子逾句注而破并代以临胡貉。其后既与韩魏共灭智伯，分晋地而有之，则赵有代、句注之北，魏有河西、上郡，以与戎界边。其后义渠之戎筑城郭以自守，而秦稍蚕食，至于惠王，遂拔义渠二十五城。惠王击魏，魏尽入西河及上郡于秦。""义渠之戎"成为秦北侧表现出相当军事强势的政治实体。

《史记·匈奴列传》还记述了宣太后时代秦与义渠的特殊关系，其具体情节，涉及宣太后个人情感："秦昭王时，义渠戎王与宣太后乱，有二子。宣太后诈而杀义渠戎王于甘泉，遂起兵伐残义渠。"③《后汉书·西羌传》记载："及昭王立，义渠王朝秦，遂与昭王母宣太后通，生二子。至王赧四

---

① 《史记》卷一一〇《匈奴列传》，第2885页。
② 王子今：《说"上郡地恶"——张家山汉简〈二年律令〉研读札记》，《陕西历史博物馆馆刊》第10辑，三秦出版社，2003年。
③ 《史记》卷一一〇《匈奴列传》，第2885页。

165

十三年，宣太后诱杀义渠王于甘泉宫，因起兵灭之，始置陇西、北地、上郡焉。"同时又叙说了秦与义渠关系史的背景：东周以来，"中国无戎寇，唯余义渠种焉"①。而"秦伐义渠"，"义渠侵秦"，"义渠败秦师"，"义渠国乱，秦惠王遣庶长操将兵定之"，"义渠遂臣于秦"，"秦伐义渠"，"义渠败秦师"等事，也是双方关系史上浓重的几笔。②

宣太后能够放纵私情而毫不避忌对方的异族身份，又能够断然以"诈而杀"或者说"诱杀"的方式结束情爱对象的生命，以谋取军事胜利。在国家政治权衡中不惜斩断个人情思，作为王族女子，其性格的奇悍令人惊异。

对于宣太后"杀义渠戎王"又"起兵伐残义渠"一事，马非百在《秦集史》中曾经有如下评论："宣太后以母后之尊，为国家歼除顽寇，不惜牺牲色相，与义渠戎王私通生子。谋之达三十余年之久，始将此二百年来为秦人腹心大患之敌国巨魁手刃于宫廷之中，衽席之上。然后乘势出兵，一举灭之，收其地为郡县，使秦人得以一意东向，无复后顾之忧。此其功岂在张仪、司马错收取巴蜀下哉！吾观范雎入秦，待命岁余。昭王谓雎云：'寡人宜以身受命久矣。会义渠之事急，

---

① 《后汉书》卷八七《西羌传》，第2874页。
② 《后汉书》卷八七《西羌传》，第2874页。

寡人早暮自请太后。今义渠之事已，寡人乃得受命。'日夜请事太后，至于岁余，接见宾客，亦无暇晷。当日秦廷君臣同仇敌忾情绪之高，可以想见。"①

"为国家歼除顽寇，不惜牺牲色相"与"谋之达三十余年之久"的说法，可能不尽符合宣太后真实的情感生活经历。"通""乱"而"生二子"，也不能排除其体验真心情爱的可能。

在回顾这个故事的时候我们还应当注意到，宣太后的婚嫁年代与"魏夫人来"即惠文后入秦的时间大致相当或者稍后，即秦惠文王四年（前334）左右。② 而"诱杀义渠王"的周赧王四十三年（前272）距离此时已有六十二年之久。也就是说，宣太后最终解决义渠之事时，已经是年近八旬的老妪。

注意这样的背景，考虑生理与情感等诸多条件，或许可以较好地理解宣太后的冷静、多谋与果决。

2. "秦宣太后爱魏丑夫"

除义渠王外，在历史文献中还留存着宣太后另外的情感事迹。

《战国策·秦策二》有"秦宣太后爱魏丑夫"条，其中写道："秦宣太后爱魏丑夫。太后病将死，出令曰：'为我葬，

---

① 马非百：《秦集史》，第108页。
② 《史记》卷一五《六国年表》，第727页。

必以魏子为殉。'"魏丑夫深感忧虑。庸芮为他劝说太后："以死者为有知乎?"太后说："无知也。"庸芮说："若太后之神灵，明知死者之无知矣，何为空以生所爱，葬于无知之死人哉！若死者有知，先王积怒之日久矣，太后救过不赡，何暇乃私魏丑夫乎?"于是，"太后曰：'善。'乃止。"①

宣太后与魏丑夫有私情，病重临终时，出令宣布，安葬时必须以魏丑夫殉葬。庸芮以死者是否"有知"劝谏宣太后放弃这一决定。他所谓"若死者有知，先王积怒之日久矣，太后救过不赡，何暇乃私魏丑夫乎"②，最终说服了宣太后，也明白指出了对于"先王"来说，宣太后的个人情感早已超出礼制约束范围的事实。这个故事说明，宣太后的个人私爱全不避外人，因为她计划死后依然要专宠生前所爱，让情人为自己殉葬的要求，竟然是以"令"即正式行政指示的形式发布的。

3. 宣太后言先王"尽置其身妾之上"

史籍记载，宣太后在一个特殊场合还曾经直接说到与"先王"的私爱。

《战国策·韩策二》"楚围雍氏五月"条记载："楚围雍氏

---

① 《战国策》卷四《秦策二》，第167页。
② 《战国策》卷四《秦策二》，第167页。

五月。韩令使者求救于秦，冠盖相望也。"但秦军接近战场的部队依然不动。"韩又令尚靳使秦，谓秦王曰：'……臣闻之，唇揭者其齿寒，愿大王之熟计之。'"这正是《史记·晋世家》所记载的"唇亡齿寒"一语的由来："虞之与虢，唇之与齿，唇亡则齿寒。"①可见这种说法在东周已经是习用语。尚靳对"秦王"所说的话为宣太后得知，她因此表态："使者来者众矣，独尚子之言是。"于是"召尚子入"。宣太后对尚靳的言辞中，有令人吃惊的文句。她说："妾事先王也，先王以其髀加妾之身，妾困不疲也；尽置其身妾之上，而妾弗重也，何也？以其少有利焉。今佐韩，兵不众，粮不多，则不足以救韩。夫救韩之危，日费千金，独不可使妾少有利焉。"②

宣太后在外交会谈中以性爱动作做比喻，这在历史记载中绝无仅有。对此后世史家多有批评。

《战国策》鲍本注："补曰：宣太后之言污鄙甚矣！以爱魏丑夫欲使为殉观之，则此言不以为耻，可知秦母后之恶，有自来矣！"③清王士禛《池北偶谈·谈异二》"秦宣太后晏子语"写道："《国策》：楚围雍氏，韩令尚靳求救于秦。宣太后谓尚子曰：'妾事先王日，先王以其髀加妾之身，妾困不支

---

① 《史记》卷三九《晋世家》，第1647页。
② 《战国策》卷二七《韩策二》，第969页。
③ 《战国策》卷二七《韩策二》，第970页。

也，尽置其身妾之上，而妾弗重也，何也？以其少有利焉。'此等淫亵语，出于妇人之口，入于使者之耳，载于国史之笔，皆大奇。"①

这种朝堂上言语不避"淫亵"的情形，可能与社会风尚方面"秦与戎翟同俗"②有一定关系。

4. 对宣太后言行"大奇"的民俗学与文化学分析

《史记·商君列传》记录了商鞅的说法："始秦戎翟之教，父子无别，同室而居。"商鞅新法，方才"更制其教，而为男女之别"。③

秦国上层仍然有男女私通现象。《史记·吕不韦列传》记载："秦王年少，太后时时窃私通吕不韦。"这种情爱关系延续长久，以致又横生枝节，甚至影响了政治生活："始皇帝益壮，太后淫不止。吕不韦恐觉祸及己，乃私求大阴人嫪毐以为舍人，时纵倡乐，使毐以其阴关桐轮而行，令太后闻之，以啗太后。太后闻，果欲私得之。吕不韦乃进嫪毐，诈

---

① 王士禛又引述"晏子语"："又《晏子春秋》：景公盖姣，圉人视景公，愦者问之，曰：'窃姣公也。'公将杀之，晏子入见，公曰：'色寡人，故将杀之！'晏子曰：'婴闻拒欲不道，恶姣不祥，虽使色君，于法不宜杀也。'公曰：'然，若沐浴寡人，将使抱背。'此段问答亦奇。"〔清〕王士禛撰：《池北偶谈》，靳斯人点校，中华书局，1982年，第508—509页。所谓"亦奇"者，故事并不涉及"妇人"，与"宣太后""大奇"有异。
② 《史记》卷四四《魏世家》，第1857页。
③ 《史记》卷六八《商君列传》，第2234页。

令人以腐罪告之。不韦又阴谓太后曰:'可事诈腐,则得给事中。'太后乃阴厚赐主腐者吏,诈论之,拔其须眉为宦者,遂得侍太后。太后私与通,绝爱之。有身,太后恐人知之,诈卜当避时,徙宫居雍。嫪毐常从,赏赐甚厚,事皆决于嫪毐。"①

嫪毐凭借特殊能力以宦者身份入宫,专门给太后提供性服务,成为秦史丑闻。秦王政九年(前238)四月,秦王在雍地,嫪毐持秦王玉玺和太后玺作乱,秦王命令相国昌平君、昌文君攻打嫪毐,将嫪毐集团全数除灭,并将太后与嫪毐所生二子杀死。张守节的《正义》引《说苑》说,秦始皇车裂嫪毐、杀死太后与嫪毐之子后,将太后迁往咸阳宫,并下令"以太后事谏者,戮而杀之,蒺藜其脊",前后杀死谏二十七人。茅焦劝秦王说:"陛下车裂假父,有嫉妒之心;囊扑两弟,有不慈之名;迁母咸阳,有不孝之行;蒺藜谏士,有桀纣之治。天下闻之,尽瓦解,无向秦者。"这次秦王听进去了,他迎归太后,"立茅焦为傅,又爵之上卿"②。茅焦对秦王政的批评,完全站在东方传统道德立场上,并未论及太后的过失。

与秦始皇太后同样"不谨"的宣太后出身楚国,楚国与秦国都是"诸侯远我"的"僻陋之国"。秦始皇会稽刻石"防隔内

---

① 《史记》卷八五《吕不韦列传》,第2509—2511页。
② 《史记》卷六《秦始皇本纪》,第227页、第229页。

外，禁止淫泆，男女絜诚"①，以及睡虎地秦简《语书》批评"乡俗淫失（泆）之民不止"，"长邪避（僻）淫失（泆）之民，甚害于邦，不便于民"，要求"去其邪避（僻），除其恶俗"，以为"养匿邪避（僻）之民"，"则为人臣亦不忠矣"②等文字，其民俗史料意义值得我们重视。这些当时的政府正式文告都强调地方风俗"淫泆""邪僻"，已经形成行政难题。应当认识到，这是统一大方向下"行同伦"③文化史进程中短暂的局部的现象，但是所反映的战国以来区域风俗史的实况，是不宜否认的。

汉武帝有一句名言："盖有非常之功，必待非常之人，故马或奔踶而致千里，士或有负俗之累而立功名。"④宣太后及其事迹或许可以看作"大奇"之人创"大奇"之功。

我们似乎可以在认识宣太后所"立"政治"功名"的同时，理解她个人情爱方面的"负俗之累"。

---

① 《史记》卷六《秦始皇本纪》，第262页。
② 睡虎地秦墓竹简整理小组：《睡虎地秦墓竹简》，释文注释第13页。"不忠"，对于"为人臣"者是极重的罪责。参看王子今：《秦代专制政体的奠基和"忠"的政治规范的定型》，《政治学研究》1995年第1期。
③ 《十三经注疏》，第1634页。
④ 《汉书》卷六《武帝纪》，第197页。

## 一三 "昭襄业帝"①

宣太后主持管理国家政治时期,秦国国力空前充实,疆域空前扩展,史称"天下以声畏秦"②,"秦无敌于天下"③,后来又有"秦地遍天下"④之说。这样的形势,为秦始皇后来的统一奠定了基础。《史记·太史公自序》所谓"昭襄业帝",或许可以作为这一历史时段秦政治史状况的简要概括。

1. 齐秦东西帝

《史记·穰侯列传》说:"秦所以东益地,弱诸侯,尝称帝于天下,天下皆西乡稽首者,穰侯之功也。"⑤这里所谓秦

---

① 《史记》卷一三〇《太史公自序》,第3302页。
② 《史记》卷四《周本纪》,第1167页。
③ 《史记》卷七九《范雎蔡泽列传》,第2422页。
④ 《史记》卷八六《刺客列传》,第2528页。
⑤ 《史记》卷七二《穰侯列传》,第2330页。

"尝称帝于天下",是指秦昭王称"西帝"事迹。

《史记·孟尝君列传》记载:"冯骥乃西说秦王曰:'天下之游士冯轼结靷西入秦者,无不欲强秦而弱齐。冯轼结靷东入齐者,无不欲强齐而弱秦。此雄雌之国也,势不两立为雄,雄者得天下矣。'"冯骥又东至齐,"说齐王曰:'天下之游士冯轼结靷东入齐者,无不欲强齐而弱秦者。冯轼结靷西入秦者,无不欲强秦而弱齐者。夫秦齐雄雌之国,秦强则齐弱矣,此势不两雄。今臣窃闻秦遣使车十乘载黄金百镒以迎孟尝君。孟尝君不西则已,西入相秦则天下归之,秦为雄而齐为雌,雌则临淄、即墨危矣。王何不先秦使之未到,复孟尝君,而益与之邑以谢之?孟尝君必喜而受之。秦虽强国,岂可以请人相而迎之哉。折秦之谋,而绝其霸强之略。'"[1]冯骥的言辞意在抬高孟尝君的地位。而"强秦而弱齐"与"强齐而弱秦"两种情势,以及"此雄雌之国也,势不两立为雄,雄者得天下矣"之说,体现了齐国和秦国一东一西并峙的局面。

据《史记·秦本纪》记载,秦昭王十九年(前288),"王为西帝,齐为东帝,皆复去之"[2]。《史记·穰侯列传》:"昭王十九年,秦称西帝,齐称东帝。"[3]《史记·赵世家》:"秦

---

[1] 《史记》卷七五《孟尝君列传》,第2361页。
[2] 《史记》卷五《秦本纪》,第212页。
[3] 《史记》卷七二《穰侯列传》,第2325页。

174

自置为西帝。"①《史记·田敬仲完世家》："(齐湣王)三十六年，王为东帝，秦昭王为西帝。"②《史记·魏世家》写道："秦昭王为西帝，齐湣王为东帝，月余，皆复称王归帝。"③可知只有"月余"时间即如《秦本纪》所谓"皆复去之"。又有"复归之"的说法④，可以对应"复称王归帝"。然而《史记·六国年表》写道："(秦昭王)十九年，十月为帝，十二月复为王。""(齐湣王地)三十六年，为东帝二月，复为王。"⑤所谓"二月"，与"月余"说法有所不同。

"秦自置为西帝"的说法值得注意。齐为"东帝"，其实是秦人所"致"。前引《史记·田敬仲完世家》"(齐湣王)三十六年，王为东帝，秦昭王为西帝"句后，又写道："苏代自燕来，入齐，见于章华东门。齐王曰：'嘻，善，子来！秦使魏冉致帝，子以为何如？'对曰：'王之问臣也卒，而患之所从来微，愿王受之而勿备称也。秦称之，天下安之，王乃称之，无后也。且让争帝名，无伤也。秦称之，天下恶之，王因勿称，以收天下，此大资也。且天下立两帝，王以天下为

---

① 《史记》卷四三《赵世家》，第1816页。
② 《史记》卷四六《田敬仲完世家》，第1898页。
③ 《史记》卷四四《魏世家》，第1853页。
④ 《史记》卷八《高祖本纪》裴骃《集解》引应劭曰："齐得十之二，故齐湣王称东帝。后复归之，卒为秦所灭者，利钝之势异也。"第383页。
⑤ 《史记》卷一五《六国年表》，第739页。

尊齐乎？尊秦乎？'王曰：'尊秦。'曰：'释帝，天下爱齐乎？爱秦乎？'王曰：'爱齐而憎秦。'曰：'两帝立约伐赵，孰与伐桀宋之利？'王曰：'伐桀宋利。'"

苏代为齐湣王分析了形势："夫约钧，然与秦为帝而天下独尊秦而轻齐，释帝则天下爱齐而憎秦，伐赵不如伐桀宋之利，故愿王明释帝以收天下，倍约宾秦，无争重，而王以其间举宋。夫有宋，卫之阳地危；有济西，赵之阿东国危；有淮北，楚之东国危；有陶、平陆，梁门不开。释帝而贷之以伐桀宋之事，国重而名尊，燕楚所以形服，天下莫敢不听，此汤武之举也。敬秦以为名，而后使天下憎之，此所谓以卑为尊者也。愿王孰虑之。于是齐去帝复为王，秦亦去帝位。"①

苏代分析了"为帝""释帝"的利害关系，使得齐湣王"去帝复为王"，而随后"秦亦去帝位"。

称帝，秦国是主动的，齐国是被动的，所以有"秦使魏冉致帝"之说。而"释帝"即"去帝复为王"，齐国是主动的。随后"秦亦去帝位"。

在东西"两帝"短暂出现期间，虽然史籍中未见宣太后的表现，但是秦国的决策不可能没有这位女子的参与。

———————
① 《史记》卷四六《田敬仲完世家》，第1898—1899页。

## 2. 西帝·北帝·中帝："并立三帝"设想

齐湣王在思考"为帝"还是"释帝"时，从争取齐国的实利出发，策划了"举宋"之谋。他与苏代的对话中四次提及"伐桀宋"。裴骃《集解》："《宋世家》云：'宋王偃，诸侯皆曰桀宋也。'"①

而苏代又为燕国设计了针对齐国"破宋"的对策。据《史记·苏秦列传》记载，"齐伐宋，宋急，苏代乃遗燕昭王书"。他警告燕昭王，齐国强大将对燕国构成严重威胁，又说："虽然，智者举事，因祸为福，转败为功。"

怎样才可以"因祸为福，转败为功"呢？

苏代的谋略，是要借助秦国的力量。他说："今王若欲因祸为福，转败为功，则莫若挑霸齐而尊之，使使盟于周室，焚秦符，曰'其大上计，破秦；其次，必长宾之'。"

苏代分析秦的态度："秦挟宾以待破，秦王必患之。秦五世伐诸侯，今为齐下，秦王之志苟得穷齐，不惮以国为功。"又建议"使辩士以此言说秦王"，为"辩士"设计的言辞是这样的："秦为西帝，燕为北帝，赵为中帝，立三帝以令于天下。韩、魏不听则秦伐之，齐不听则燕、赵伐之，天下孰敢不听？"

---

① 《史记》卷四六《田敬仲完世家》，第1898—1899页。

苏代"秦为西帝，燕为北帝，赵为中帝，立三帝以令于天下"的设想，《战国策·燕策一》载苏代《遗燕昭王书》作"秦为西帝，赵为中帝，燕为北帝，立为三帝而以令诸侯"①。这虽然只是辩士言辞，但却可以说明当时列国执政者以"帝"为权力符号之意识的产生。

在政治史中颇为活跃的"苏代"，有可能如杨宽所分析，"苏代当为苏秦之误传"②。

3."帝"与"业帝"

《史记·范雎蔡泽列传》认为，商鞅与秦孝公的合作取得了成功，于是"秦无敌于天下"，"成秦国之业"。③

所谓的"秦国之业"是指什么呢？

《史记·太史公自序》又有"昭襄业帝"的说法。"成秦国之业"，当然与"业帝"有所不同。后者有对于"帝"位明确的权力追求。

《史记》另一例"业帝"字样的出现，也见于《太史公自序》。司马迁称颂刘邦击败项羽随即建国的功绩，使用了这样的文字："诛籍业帝，天下惟宁。"④

---

① 《战国策》卷二九《燕策一》，第1059页。
② 杨宽：《战国史料编年辑证》，第769页。
③ 《史记》卷七九《范雎蔡泽列传》，第2422页。
④ 《史记》卷一三〇《太史公自序》，第3302页。

一三 "昭襄业帝"

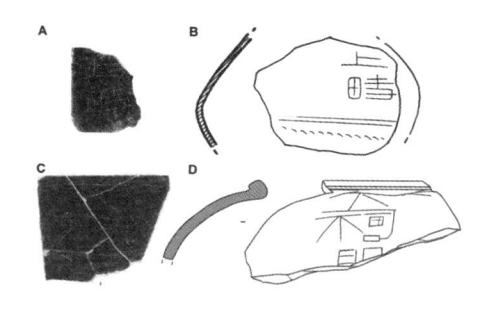

图 13-1 凤翔血池出土"上畤""下祠"陶文

图 13-2 凤翔血池出土"上畤""下祠"陶文拓片

其实，更早使用"业帝"这一语汇的，是宣太后专权时即已进入秦国上层决策集团的名臣蔡泽。《战国策·秦策三》记载，蔡泽与范雎交谈，说到名将白起击破楚国随即大败赵国的战功："楚地持戟百万，白起率数万之师，以与楚战，一战举鄢郢，再战烧夷陵，南并蜀汉，又越韩魏，攻强赵，北阬马服，诛屠四十余万之众，流血成川，沸声若雷，使秦业帝。"所谓"业帝",有注家说:"有帝之业。"①而《史记·范雎蔡泽列传》的记述是:"白起率数万之师……使秦有帝业。"②二者说法不同,可见,所谓"昭襄业帝",就是说秦昭王时代"使秦有帝业"。

我们知道,蔡泽说这番话的时候,距离范雎对秦昭王说"闻秦之有太后……不闻其有王也",不过数年。大致可以说,"使秦有帝业"的形势,主要是在"太后擅行不顾"而"无王"的条件下形成的。

4."业帝"与"帝业"

秦昭王十九年(前288)"自置为西帝",无疑是由宣太后亲自设计并操作的。早在秦惠文王时代,苏秦就曾经提出这样的建议:"以秦士民之众,兵法之教,可以吞天下,称帝而治。"③我们有理由相信,自秦惠文王执政时起,秦国君王已初有"称帝"的雄心。到秦昭王时,虽然只是短暂使用,却明确宣布了"西帝"称号,这也是具有划时代意义的事件。

秦人在政治称谓的创制与开发方面多有发明。"帝"号的使用,可以看作例证之一。直至宣太后最终移交最高执政权

---

① 《战国策》卷五《秦策三》,第216页、第218页。
② 《史记》卷七九《范雎蔡泽列传》,第2423页。
③ 《史记》卷六九《苏秦列传》,第2242页。

一三 "昭襄业帝"

时，秦国已经实现"秦地半天下"的局面，① 为秦始皇后来的统一奠定了基础。

其实也可以说，"昭襄业帝"的重要历史功绩，主要是在宣太后时代完成的。

5. 秦"畤"和有关"帝"的信仰

《史记·封禅书》中对于秦史的记录，虽多神秘色彩，但提供了值得深思的文化线索。其中体现秦人对"帝"崇拜之传统的记录，或许主要来自秦国官修史书《秦记》。② 例如关于"畤"的设置与对"帝"的祠祀，被看作秦史演进的重要节点：

> 秦襄公攻戎救周，始列为诸侯。秦襄公既侯，居西垂，自以为主少皞之神，作西畤，祠白帝，其牲用騮驹黄牛羝羊各一云。其后十六年，秦文公东猎汧渭之间，卜居之而吉。文公梦黄蛇自天下属地，其口止于鄜衍。文公问史敦，敦曰："此上帝之征，君其祠之。"于是作鄜畤，用三牲郊祭白帝焉……

---

① 《史记》卷七〇《张仪列传》，第2289页。
② 《史记》卷一五《六国年表》："太史公读《秦记》，至犬戎败幽王，周东徙洛邑，秦襄公始封为诸侯，作西畤用事上帝，僭端见矣。"中华书局，1959年，第685页。参看王子今：《〈秦记〉考识》，《史学史研究》1997年第1期；《〈秦记〉及其历史文化价值》，《秦文化论丛》第5辑，西北大学出版社，1997年。

作鄜畤后七十八年，秦德公既立，卜居雍，"后子孙饮马于河"，遂都雍。雍之诸祠自此兴。用三百牢于鄜畤……

德公立二年卒。其后四年，秦宣公作密畤于渭南，祭青帝。其后十四年，秦缪公立，病卧五日不寤；寤，乃言梦见上帝……而后世皆曰秦缪公上天。……缪公立三十九年而卒。其后百有余年，而孔子论述六艺，传略言易姓而王，封泰山禅乎梁父者七十余王矣……

其后百余年，秦灵公作吴阳上畤，祭黄帝；作下畤，祭炎帝。

后四十八年……栎阳雨金，秦献公自以为得金瑞，故作畦畤栎阳而祀白帝。

其后百二十岁而秦灭周……

其后百一十五年而秦并天下。①

秦国发展史与秦国君王对"帝"的信仰史同步，体现于如下系列行为：秦襄公"作西畤，祠白帝"，秦文公"作鄜畤""郊祭白帝"，秦德公"用三百牢于鄜畤"，秦宣公"作密畤""祭青帝"，秦灵公"作吴阳上畤，祭黄帝；作下畤，祭炎帝"，秦

---

① 《史记》卷二八《封禅书》，第1358—1361页、第1363—1366页。

献公"作畦畤""祀白帝"。① 而随后秦昭王短暂称"帝",秦始皇实现统一之后正式使用专有"帝号"。《史记·封禅书》记载:"秦始皇既并天下而帝"。②

6."秦王初并天下"议定"帝号"的历史渊源

秦始皇实现统一之后,将议定最高执政者的名号作为确定政权合法性的重要步骤。《史记·秦始皇本纪》记载,统一六国后,秦王政回顾相继兼并韩、赵、魏、楚、燕、齐六国的战争史历程,以为"六王咸伏其辜,天下大定"之后,如果名号不做变更,就不能显示和纪念这一伟大成功,更无法将之传之后世,故要求丞相和御史大夫商议帝号。

其实,所谓"帝号",已经透露出秦王政个人对"帝"字深心倾慕的情感。然而,丞相王绾、御史大夫冯劫和廷尉李斯等似乎并没有真正领会秦王政特别关注"帝"的意图,他们这样表达了对于"议帝号"的意见:"古有天皇,有地皇,有泰皇,泰皇最贵。臣等昧死上尊号,王为'泰皇'。命为'制',令为'诏',天子自称曰'朕'。"他们认为,过去"五帝"统治的地方有限,各地族群领袖有的朝见,有的不朝见,天子并不能进行实际控制。现今陛下获得空前的军事成功,平定天

---

① 王子今:《论秦汉雍地诸畤中的炎帝之祠》,《文博》2005 年第 6 期;《秦人的三处白帝之祠》,《早期秦文化研究》,三秦出版社,2006 年。
② 《史记》卷二八《封禅书》,第 1366 页。

下，海内设立郡县，法令全由一统，这是上古以来未曾有过的局面，这样的功德已经超过五帝。他们似乎更重视"皇"的尊号，而在"天皇""地皇""泰皇"之中，"泰皇"最为尊贵，于是建议秦王政采用"泰皇"名号。

而秦王政的态度是："去'泰'，著'皇'，采上古'帝'位号，号曰'皇帝'。"①这一最高裁定，体现出秦始皇内心对"上古'帝'位号"的特殊重视。其他"制""诏""朕"等，则按王绾、冯劫、李斯等议。

对于丞相、御史的意见，秦王政表态"号曰'皇帝'"之后，"制曰'可'"的记载就显得耐人寻味。

对"制""诏"的解释，裴骃《集解》引蔡邕曰："制书，帝者制度之命也，其文曰'制'。诏，诏书。诏，告也。"张守节《正义》："制诏三代无文，秦始有之。"而"制曰：'可'"文下，裴骃《集解》引蔡邕曰："群臣有所奏，请尚书令奏之，下有司曰'制'，天子答之曰'可'。"②

在"王曰""号曰'皇帝'"之后再记录"制曰：'可'"，或许保留了秦文书档案的原始形态，上下文表示实现了"秦王"和"秦始皇帝"之间执政权力的交接。"秦王"和"秦始皇帝"

---

① 《史记》卷六《秦始皇本纪》，第235—236页。
② 《史记》卷六《秦始皇本纪》，第237页。

一三　"昭襄业帝"

虽然其身一体，却立足于以不同名号标志的不同地位。这不仅仅是公文史的一则重要资料，也是皇帝制度成立的正式公告。在一篇文字中，"王"与"皇帝"同为一个行为主体，却使用不同称谓，这可能是中国古代皇家文书史上罕见的特例。

在正式文书的记录中，从"王曰"到"制曰"的变化体现了"皇帝"名号正式启用的郑重和庄严，也体现了皇帝个人亦附从于皇帝制度的事实。

有学者参考居延汉简"元康五年诏书""制曰：可"(10.27，510，332.26)，肩水金关简"永始三年诏书""制：可"(74EJF16：1—8)及敦煌悬泉置泥墙墨书"大皇大后〔制曰〕：可"[1]等文例，分析"议帝号"诏中"制曰可"的意义，指出："诏书中秦王叙述平灭六国原因的部分，牛震运称之为《初并天下令》，是与嬴政'令丞相、御史曰'之'令'相对应。此时'议帝号'诏尚未形成，'令'字的使用十分准确。此诏颁布之前，《秦始皇本纪》中除篇首几句介绍秦始皇身世和秦王政十八年(前229)'始皇帝母太后崩'一句特例之外，皆称嬴政为'秦王'。在'议帝号'诏中，嬴政仍被称为'王'。但在《秦始

---

[1] 中国文物研究所、甘肃省文物考古研究所编《敦煌悬泉月令诏条》，中华书局，2001年，第4—8页。

皇本纪》'议帝号'诏后的文字中，皆称嬴政为'始皇'。实际上，在颁布'议帝号'诏的同时，其中的规定即已经生效。因此，诏书最后的批答之处，已经改用'制曰'一词。在其后的'除谥法'诏中，也使用了'制曰'一词。此外，'议帝号'诏中嬴政仍自称'寡人'，紧随其后的'除谥法'诏，也已改称为'朕'：制曰：'朕闻太古有号毋谥，中古有号，死而以行为谥。如此，则子议父，臣议君也，甚无谓，朕弗取焉。自今已来，除谥法。朕为始皇帝。后世以计数，二世三世至于万世，传之无穷。'可见，'议帝号'诏中的规定，立即得到了有效的实施。"论者又"尝试复原'议帝号'诏"，在"丞相绾、御史大夫劫、廷尉斯等"文后补"昧死言"字样①，也是合理的。

于是，"皇帝"制度成立。这一影响中国历史两千多年的制度是秦始皇的重要发明。就"皇帝"名号的议定过程看，他对"帝"字的专爱，体现出一种可能与某种悠久的传统意识有关的定见。追索其渊源，应当注意到宣太后时代对"西帝""东帝"名号的使用，以及史家对这一历史阶段"昭襄业帝"的肯定。

---

① 曾磊：《秦始皇"议帝号"诏评议》，《西安财经学院学报》2016年第4期，收入《秦统一的进程与意义》，中国社会科学出版社，2017年。

从秦昭王到秦始皇,他们都对"帝"这一来自上古的崇高位号深心记念,满怀向往。这种心态是雄图在胸的反映,也充分体现了一种对于成功以及将这种成功传于后世的政治自信。①

---

① 王子今:《秦始皇议定"帝号"与执政合法性宣传》,《人文杂志》2016年第2期。

## 一四　宣太后在政治舞台的淡出及其人生终结

宣太后晚年逐步退出政治舞台，秦国的政治外交策略益为成熟，[①] 继续以强劲态势东进，走向统一的历史步伐依然稳健。

1. 宣太后离开最高权力的时间

按照《史记·范雎蔡泽列传》的说法，秦昭王似乎是因范雎的建议，开始夺取宣太后的执政权的。范雎提醒秦昭王：你已在王位三十六年，而宣太后亲族权倾朝野。"穰侯，华阳君，昭王母宣太后之弟也；而泾阳君、高陵君皆昭王同母弟也。穰侯相，三人者更将，有封邑，以太后故，私家富重

---

[①] 王子今：《秦史的宣太后时代》，《光明日报》2016年1月20日，第14版；《宣太后的历史表演与秦统一进程》，《秦汉研究》第11辑，陕西人民出版社，2017年。

## 一四 宣太后在政治舞台的淡出及其人生终结

于王室。及穰侯为秦将,且欲越韩、魏而伐齐纲寿,欲以广其陶封。"范雎向秦昭王揭示这一形势的危险:"天下有明主则诸侯不得擅厚者,何也?为其割荣也。"提示他警觉穰侯和高陵君擅权①,应削弱宣太后的权势。

司马迁记述范雎的建议及秦昭襄王的反应,此中透露出若干迹象。对于穰侯及泾阳君、高陵君的权势,杨宽有这样的分析:"魏冉五次出任相国,宣太后和他两人操纵大权,曾积极推行封君制,不但魏冉封于穰(今河南邓州),称为穰侯;昭王的同母弟公子市先封为泾阳君(泾阳在今陕西泾阳西北),后又改封于宛(今河南南阳);公子悝先封高陵君(高陵在今陕西高陵),后又改封于邓(今河南郾城东南);宣太后的同父弟芈戎先封华阳君(华阳在今陕西华阴华山之南),后改封为新城君(新城在今河南新密东南)。穰、宛和邓原来属韩,公元前三〇一年和前二九一年为秦所攻取;新城原来属楚,公元前三〇〇年为秦所攻取。这些都是手工业和商业比较发达的城市,因而这四个封君搜刮到了很多财富,出现了'宣太后专制,穰侯擅权于诸侯,泾阳君、高陵君之属太侈,富于王室'的局面(《史记·穰侯列传》)。魏冉在公元前二八一年又取得当时最富庶的城市陶邑(今山东定陶西北)作

---

① 对于"割荣",司马贞《索隐》:"割荣即上之擅厚,谓擅权也。"

为封地。"杨宽还指出："等到秦昭王免除了他的相位，命令他出关回到陶邑时，有'辎车千乘有余'（《史记·穰侯列传》），官吏检查他的车辆，'宝器珍怪，多于王室'（《史记·范雎列传》）。"[1]对于"陶"地经济地位的优越，史念海曾经有专门论述。[2] 范雎就这几位贵族"以太后故，私家富重于王室"事上书，"于是秦昭王大说，乃谢王稽，使以传车召范雎"。范雎见秦昭襄王，以"秦安得王，秦独有太后、穰侯耳"语"感怒昭王"。在"秦王屏左右，宫中虚无人"情况下接见，范雎表示："今臣羁旅之臣也，交疏于王，而所愿陈者皆匡君之事，处人骨肉之间，愿效愚忠而未知王之心也。"所谓"骨肉之间"，涉及母子关系。他指出："足下上畏太后之严，下惑于奸臣之态，居深宫之中，不离阿保之手，终身迷惑，无与昭奸。"已经明确以"太后""奸臣"并说。司马迁记述，"然左右多窃听者，范雎恐，未敢言内，先言外事，以观秦王之俯仰"。于是先"谋兵事"[3]，建议采取"远交近攻"的战略。

宣太后的权力当时就被剥夺了吗？并没有，应当看到，

---

[1] 杨宽：《战国史》（增订本），第378页。
[2] 史念海：《释〈史记·货殖列传〉所说的"陶为天下之中"兼论战国时代的经济都会》，《河山集》，三联书店，1963年。
[3] 《史记》卷七九《范雎蔡泽列传》，第2404—2410页。

## 一四 宣太后在政治舞台的淡出及其人生终结

范雎削弱宣太后行政权力的建议是逐步提出的。

《史记·范雎蔡泽列传》记载:"范雎日益亲,复说用数年矣,因请间说曰:'臣居山东时,闻齐之有田文,不闻其有王也;闻秦之有太后、穰侯、华阳、高陵、泾阳,不闻其有王也。'"①其中"数年"二字值得注意。而《资治通鉴》卷五"周赧王四十九年"记述范雎指出"闻秦之有太后","不闻其有王也",以及"今太后擅行不顾",时在秦昭王四十一年(前266)。

晚年宣太后将权力全面交还秦昭王,马非百《秦集史》以为是在昭王四十一年。②据《史记》,可以理解为秦昭王三十六年时,开始考虑削弱宣太后的权势。也就是说,宣太后主持秦国政治至少三十六年,甚至很可能长达四十一年。

宋代学者邵雍撰《皇极经世书》卷六上《观物篇三十一》写道:"乙未,秦拔魏郪邱,罢穰侯相国及宣太后权,以客卿范雎为相,封应侯。魏冉就国。""丙申,……秦以安国君为太子,宣太后卒。"③也就是说,"宣太后权"的把握,其实一直延续到这位女子去世的前一年。

司马迁的记载,说明范雎的警告见效,"昭王闻之大惧,

---

① 《史记》卷七九《范雎蔡泽列传》,第2411页。
② 马非百:《秦集史》,第106页。
③ 〔宋〕邵雍撰:《皇极经世书》,清文渊阁《四库全书》本,第375页。

曰：'善。'于是废太后，逐穰侯、高陵、华阳、泾阳君于关外。秦王乃拜范雎为相。收穰侯之印，使归陶，因使县官给车牛以徙，千乘有余。到关，关阅其宝器，宝器珍怪多于王室。"穰侯财富的惊人数量，证实了范雎的判断。《史记·范雎蔡泽列传》明确写道："秦封范雎以应，号为应侯。当是时，秦昭王四十一年也。"①

"废太后，逐穰侯、高陵、华阳、泾阳君于关外"在秦昭王四十一年的时间坐标是明确的。

图14-1
秦"芷阳丞印"封泥一

图14-2
秦"芷阳丞印"封泥二

图14-3　秦"芷阳丞印"封泥三

---

① 《史记》卷七九《范雎蔡泽列传》，第2412页。

## 2."废太后"疑议

朱熹认为"秦夺宣太后权"而"实不曾废"。① 也就是说,宣太后与秦昭王的权力交接大概并未以激烈的形式进行。

梁玉绳《史记志疑·范雎蔡泽列传》在"于是废太后"句下有这样的分析:

> 《大事记》曰:"《本纪》宣太后之没书薨,书葬,初未尝废。魏公子无忌谏魏王亲秦之辞,止曰'太后母也,而以忧死',亦未尝言其废。穰侯虽免相,犹以太后之故未就国,及太后既葬之后始出之陶耳。《范雎传》所载,特辩士增饰之辞,欲夸范雎之事,而不知其昭王之恶也。"《皇极经世》曰罢"穰侯相国及宣太后权,盖得其实矣"。②

所谓"《本纪》宣太后之没书薨,书葬",说《史记·秦本纪》对于宣太后生命终结的记载③,是按照规范笔法保留了正常的文字。

---

① 《朱子语类》卷一〇〇《邵子之书》,〔宋〕黎靖德编《朱子语类》,王星贤点校,中华书局,1986年,第2548页。
② 《史记志疑》,第1288页。
③ 《史记》卷五《秦本纪》,第213页。

如果说宣太后退出政坛是在昭王四十一年，则宣太后被罢权或者说夺权的第二年即走到人生终点。由此推想宣太后交出国家最高权力时，很可能执政能力已经因年龄和健康原因出现了一些问题。

《资治通鉴》记载："（周赧王）四十九年，……（秦昭王）废太后，逐穰侯、高陵、华阳、泾阳君于关外，以范雎为丞相，封为应侯。""（周赧王）五十年秦宣太后薨，九月，穰侯出之陶。"① 司马光的记述，应当是经过深思的。

周赧王四十九年，即秦昭王四十一年（前266）。周赧王五十年，即秦昭王四十二年（前265）。

3. 应："太后养地"

《史记·周本纪》记述了周赧王四十五年（前270）有人提出以"应"为宣太后"养地"的建议。

> 四十五年，周君之秦，客谓周最曰："公不若誉秦王之孝，因以应为太后养地，秦王必喜，是公有秦交。交善，周君必以为公功。交恶，劝周君入秦者必有罪矣。"秦攻周，而周最谓秦王曰："为王计者不攻周。攻周，实不足以利，声畏天下。天下以声畏秦，必东合于

---

① 《资治通鉴》，第162页。

## 一四　宣太后在政治舞台的淡出及其人生终结

齐。兵弊于周。合天下于齐，则秦不王矣。天下欲弊秦，劝王攻周。秦与天下弊，则令不行矣。"

裴骃《集解》引徐广曰："《地理志》云应，今颍川父城县应乡是也。"司马贞《索隐》："《战国策》作'原'。原，周地。太后，秦昭王母宣太后芈氏也。"张守节《正义》："《括地志》云：'故应城，殷时应国，在父城。'按：应城此时属周。太后，秦昭王母宣太后芈氏。"[1]

所谓"《战国策》作'原'"，见于《战国策·西周策》"周君之秦"条："周君之秦。谓周最曰：'不如誉秦王之孝也，因以应为太后养地。秦王、太后必喜，是公有秦也。交善，周君必以为公功；交恶，劝周君入秦者，必有罪矣。'"姚本注："谓，有人谓周最，姓名不见也。最，周公子也。"鲍本注："最时从王。""秦王"鲍本注："秦昭。"建议"为太后养地"的"应"，有的版本作"原"。姚本注："原，周邑也。太后，秦昭王母也。"鲍本注："'应'作'原'。"补曰："《史》同。徐注，颍川父城县应乡。"《札记》："今本'应'作'原'。丕烈案：《史记》作'应'。考《索隐》云，按《战国策》作'原'。原，周地。小司马依高注为说，则作'原'为是，因《史记》讹

---

[1] 《史记》卷四《周本纪》，第167—168页。

195

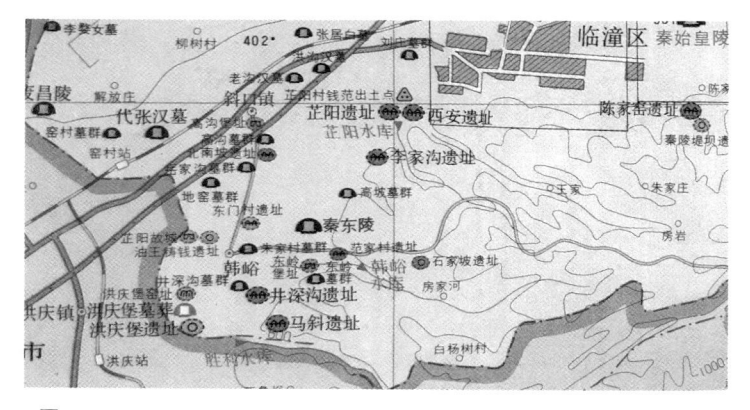

图 14-4
《中国文物地图集·陕西分册》标示的"秦东陵"位置

为'应'也。吴氏因姚本云《史》同，失考《索隐》耳。"①有人建议周王朝贵族提供"应"或"原"地"为太后养地"，以取悦"秦王、太后"，作为求得周、秦"交善"的外交砝码。

此事发生在周赧王四十五年，即秦昭王三十七年（前270），正是宣太后势力开始被削弱之时。提出这一建议，或许是因为考虑到宣太后地位下降，秦昭王想要给予适当补偿。

有意思的是，设想中的"太后养地"，如果《史记》作"应"不误，则该地有可能正是劝说秦昭王取缔太后行政决策权力的范雎后来的封地。《史记·范雎蔡泽列传》记载："秦

---

① 《战国策》卷二《西周策》，第54—55页。

封范雎以应，号为应侯。"

4. 宣太后"忧死"说

梁玉绳《史记志疑·范雎蔡泽列传》引录《经史问答》的说法，认定"太后忧死是实"：

> 太后忧死是实，未必显有黜退之举，观穰侯尚得之国于陶，无甚大谴，其所谓逐者如此，则所谓废者亦只夺其权也。是时昭王年长，而宣太后尚事事亲裁，便是不善处嫌疑之际，一旦昭王置之高阁，安得不忧死，故人以为废。①

"忧死"一语在历史记述中的使用，《史记》出现多例。

《史记·魏世家》记载魏公子无忌警告"以秦救之故，欲亲秦而伐韩，以求故地"的魏王，应当正视秦的威胁：

> 秦与戎翟同俗，有虎狼之心，贪戾好利无信，不识礼义德行。苟有利焉，不顾亲戚兄弟，若禽兽耳，此天下之所识也，非有所施厚积德也。故太后母也，而以忧死；穰侯舅也，功莫大焉，而竟逐之；两弟无罪，而再夺之国。此于亲戚若此，而况于仇雠之国乎？今王与秦

---

① 《史记志疑》，第1288页。

共伐韩而益近秦患,臣甚惑之。

所谓"太后母也,而以忧死;穰侯舅也,功莫大焉,而竟逐之",政治批评直接指向秦昭王的政治手段和道德操守。

《史记》间接言"忧死"者,有宣太后除去的政敌"惠文后"。《史记·穰侯列传》写道:"武王卒,诸弟争立,唯魏冉力为能立昭王。昭王即位,以冉为将军,卫咸阳。诛季君之乱,而逐武王后出之魏,昭王诸兄弟不善者皆灭之,威振秦国。"关于"诛季君之乱",司马贞《索隐》:"按:季君即公子壮,僭立而号曰季君。穰侯力能立昭王,为将军,卫咸阳,诛季君及惠文后,故本纪言'伏诛'。又云'及惠文后皆不得良死',盖谓惠文后时党公子壮,欲立之,及壮诛而太后忧死,故云'不得良死',亦史讳之也。又逐武王后出之魏,亦事势然也。"①按照司马贞的解说,"太后忧死",也是"不得良死"。

另外司马迁笔下与此文例相同,直接说到"忧死"的,又可见《史记·外戚世家》:"栗姬愈恚恨,不得见,以忧死。"②是说后宫女子。又有《史记·齐悼惠王世家》:"齐王

---

① 《史记》卷七二《穰侯列传》,第2323—2324页。
② 关于"栗姬忧死"事,《史记》卷一〇八《韩长孺列传》裴骃《集解》:"如淳曰:'景帝尝属诸姬,太子母栗姬言不逊,由是废太子,栗姬忧死。'"第2860页。

以忧死毋后，国入汉。"①《史记·楚元王世家》："幽王以忧死，故为'幽'。"②则是说失去权力之后的异常心理表现。《史记·李斯列传》所见"赵高曰：'人臣当忧死而不暇，何变之得谋'"③，则与此不同。

5."宣太后薨，葬芷阳郦山"

《史记·秦本纪》记载，秦昭王四十二年，安国君为太子。十月，宣太后薨，葬于芷阳郦山。张守节《正义》说，其地"在雍州新丰县南十四里也"④。

值得注意的是，秦昭王与宣太后葬地在同一陵区。《史记·秦始皇本纪》记载："昭襄王享国五十六年，葬茝阳。"司马贞《索隐》："十九年而立，葬芷陵也。"⑤秦芷阳陵区，也被称作"秦东陵"。上文说到，秦东陵一号墓于2010年10月8日被盗掘，收缴文物中有漆豆，铭文内容可判定为"器主即是昭襄王"⑥。据此，宣太后陵位置大致可以确定。陵墓规格形制与随葬器物组合等提供的历史文化信息，对我们认识秦

---

① 《史记》卷五二《齐悼惠王世家》，第2008页。
② 《史记》卷五〇《楚元王世家》，第1989页。
③ 《史记》卷八七《李斯列传》，第2553页。
④ 《史记》卷五《秦本纪》，第213页、第217页。
⑤ 《史记》卷六《秦始皇本纪》，第289页。
⑥ 王辉、尹夏清、王宏：《八年相邦薛君、丞相殳漆豆考》，《考古与文物》2011年第2期。

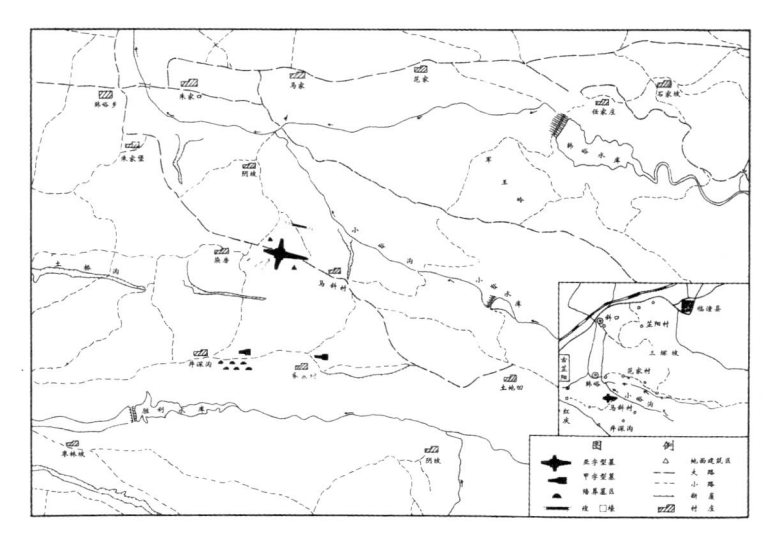

图 14-5　秦东陵第四号陵园布局示意图

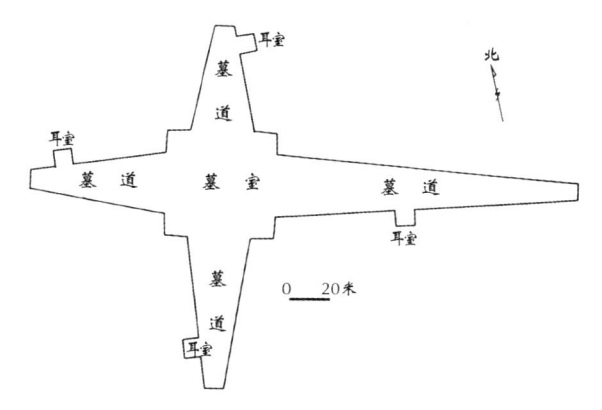

图 14-6　秦东陵第四号陵园主墓钻探平面图

一四 宣太后在政治舞台的淡出及其人生终结

图 14-7 秦芷阳陵区宣太后陵位置

宣太后的地位和影响有所帮助，这只能期待考古工作未来的收获了。

国家文物局主编的《中国文物地图集·陕西分册》关于西安市临潼区"秦东陵"有这样的记述：

> 81-B1 秦东陵〔韩峪乡西北部·战国·省文物保护单位〕战国晚期的秦王陵区，位于秦芷阳东1.5公里的坂塬原上，东起三钟坡，西至韩峪河古道，北至武家

201

堡，南至井深沟一带，总面积约24平方公里。地表现存鱼脊形、覆斗形封土10座。1986年钻探，发现4座陵园，每座陵园以人工隍壕或自然沟为界，与凤翔秦公陵园类似。陵园内分别有"亚字"、"甲"字、"中"字型大型斜坡墓道土坑墓，另有陪葬墓、陪葬坑、车马坑及地面建筑遗址等。历年出土大量铜器、铁器、陶器及砖、瓦、瓦当等建筑材料。《史记》载，葬于东陵的有秦昭襄王夫妇、庄襄王夫妇，以及宣太后、悼太子诸人。

对于有些学者判断可能安葬宣太后的四号陵园，《中国文物地图集·陕西分册》也载录了若干信息：

B1-4 四号陵园〔韩峪乡马斜村〕位于小峪河南岸，东北距一号陵园2.5公里。陵园平面呈长方形，东西长约960米，南北宽约500米。四周构筑隍壕。钻探发现"亚"字形主墓1座、"甲"字形墓2座。主墓东向，位于陵园中部偏北处，总面积50318平方米，由墓道、墓室、耳室三部分组成。墓室近方形，长56.5米，宽55米；东、西、南、北4个斜坡墓道分别长152.5米、68.5米、78米、54米，宽9~32.5米；墓道前端右壁处各有一耳室。墓道之间发现有建筑遗迹。"甲"字形墓位于主墓南侧，东西排列，相距约500米。西墓封土呈覆斗形，底边长20米，高6米；墓室正方形，边长21米；墓道长45米，宽3.2～16.8米。东墓封土已平毁；墓室长方形，东西长26米，南北宽20米；墓道长39.2米，宽11.2～16.8米。墓园南部发现小型陪葬墓20余座，出土陶壶、鼎、盂、敦等。一说为秦庄襄王夫妇（即秦始皇父母）同茔异穴合葬的陵园。(参见《考古与文物》1993年第3期)①

对于"秦东陵"，有的考古学者认为应当称秦芷阳陵区，这一意见是合理的。秦宣太后陵的考古工作将在很大程度上推进秦史和秦文化研究，并且为宣太后这位重要历史人物的研究增加有意义的信息。

6. 关于秦兵马俑坑主人的争论

有人曾经提出秦兵马俑坑的主人是秦宣太后。② 这一意见多年后依然为发表者坚持，近期仍有文章面世。③

---

① 国家文物局主编《中国文物地图集·陕西分册》下册，西安地图出版社，1998年，第80页。
② 陈景元：《秦俑新探——俑坑的主人不是秦始皇》，《大自然探索》1984年第3期。
③ 陈景元：《兵马俑的主人根本不是秦始皇》，《中国科学探险》2021年第2期。

考古学者提出以秦兵马俑坑出土秦始皇时代的器物为实证，如纪年铭文明确的秦王政三年、四年、五年、七年"相邦吕不韦戈"，以及十四年、十五年、十七年和"寺工"长铍。根据这些文物以及出土的地层信息，可以否定秦兵马俑坑是"宣太后的陪葬坑"的说法。宣太后的葬地，应即《史记·秦本纪》所说"宣太后薨，葬芷阳郦山"之"芷阳"。[1]

陈景元认为："兵马俑坑应当是秦始皇的高祖母秦宣太后的。秦宣太后姓芈，本是楚国的显赫王族，后嫁于秦惠文王。她在秦国统治了四十一年之久，当政时间长，势力强，影响大，完全有条件、有资格修建豪奢大墓及其陪葬坑。在《史记正义》及《陕西通志》《临潼县志》等史料中，也都有秦宣太后陵就在人们现在所熟知的秦俑坑附近的记载。同时，人们在秦俑坑里发现了最直接的证据。不少秦俑的头顶，梳有苗裔楚人特有的、偏于一侧的歪髻；秦俑的服色，五颜六色，非常鲜艳，与秦王朝的尚黑制度，有显著差别。此外，在陶俑身上还刻有一个'芈'字，与当年发掘的阿房宫'北司'遗址中的'芈'字相似。阿房宫由秦惠文王始建，而宣太后芈氏，即是秦惠文王的妃子。"[2]

---

[1] 刘修明：《秦俑坑的主人究竟是谁》，《社会科学》1985年第2期。
[2] 窗下夜谈：《一家之言：兵马俑的主人不是秦始皇》，2021年8月24日。

一四　宣太后在政治舞台的淡出及其人生终结

图 14-8
秦芷阳陵区一号墓发掘现场一

图 14-9
秦芷阳陵区一号墓发掘现场二

图 14-10
秦芷阳陵区一号墓发掘现场三

在考察秦史时，需要探求其史源，后世方志材料多不足为据，所谓"《史记正义》及《陕西通志》《临潼县志》等史料"，只有参考价值。所谓"秦宣太后陵就在人们现在所熟知的秦俑坑附近的记载"可能需要甄别史料的真实性，而且这一说法并未得到考古学调查勘探的可靠证明。所谓"苗裔楚人特有的""歪髻"之说未有史据。秦王朝政治文化意义的"上黑""尚黑"①，并不意味着当时多层面社会生活中普遍使用的色彩只有"黑"色。而墓主身份标志"芈"字，也是不可能出现在"陶俑身上"的。种种议论，都不能动摇"相邦吕不韦戈"等文物发现的考古学确证。

"兵马俑坑应当是秦始皇的高祖母秦宣太后的"这一意见无法得到具有说服力的学术支撑，但是这一推想产生的因由，所谓"（秦宣太后）在秦国统治了四十一年之久，当政时间长，势力强，影响大"的认识，却反映了历史真实，值得我们重视。

---

① 《史记》卷六《秦始皇本纪》："皆上黑。"第237页。《汉书》卷二五上《郊祀志上》："（秦）色尚黑。"第1201页。

## 一五　宣太后政治成功的条件

　　除了上文所列的秦昭王与宣太后时代秦国对东方持续的军事进取以外,"(秦昭王)十年,楚怀王入朝秦,秦留之";十一年(前296),秦抗击了"齐、韩、魏、赵、宋、中山"联军的进犯,又与韩、魏单独媾和,使得攻秦军事同盟解体;十七年(前290)"东周君来朝";二十九年(前278)"周君来"[1]。这些都是重要的外交成功。

　　而秦昭王十二年(前295),"予楚粟五万石"[2],是战国时期规模最大的一次国际救援物资运输。以汉代运输车辆的

---

[1] 《史记》卷五《秦本纪》,第210—213页。
[2] 《史记》卷五《秦本纪》,第210页。

装载规格一车二十五石计算①,运"粟五万石",需用运车两千辆。这是继支援晋国抗灾发起的"泛舟之役"②之后最大规模的一次运输行为。这种跨国远程运输,也可以看作对统一战争中为前线提供军需的军运行为的一种演练。

宣太后时代秦国的政治成功,是由多方面的条件促成的。

1. 商鞅之"秦法"

宣太后时代秦国国力的发展和版图的扩张,有多方面的因素。我们应当注意时代背景、历史基础、社会条件、文化基因的综合作用,也必须肯定宣太后、秦昭王、魏冉等人主观努力的作用。

首先,商鞅设计的新法从制度上保证了秦国的国富兵强。

---

① 《九章算术·均输》中有关"均输粟"的算题,所列条件有"一车载二十五斛"。李继闵:《九章算术校证》,陕西科学技术出版社,1993年,第328—329页。根据居延汉简中有关粮运的简文,可知这一数额是符合汉代运输生产的实际的。裘锡圭:《汉简零拾》,《文史》第12辑,中华书局,1981年。
② 《左传·僖公十三年》记载,"晋荐饥","秦于是乎输粟于晋,自雍及绛相继,命之曰泛舟之役。"杜预《集解》:"从渭水运入河、汾。"《春秋左传集解》,第284页。《国语·晋语三》:"是故泛舟于河,归籴于晋。"上海师范学院古籍整理组校点:《国语》,上海古籍出版社,1978年,第323页。《史记》卷五《秦本纪》:"以船漕车转,自雍相望至绛。"第188页。

## 一五　宣太后政治成功的条件

秦孝公与商鞅合作变法,改变了秦史的走向,也为秦国实现富国强兵提供了制度条件。这是商鞅变法以后秦国空前强盛,持续进取,终得统一的最重要的条件,当然也是宣太后时代秦国获得多方面进取的制度保证。

《盐铁论·非鞅》记载了大夫的言论:"昔商君相秦也,内立法度,严刑罚,饬政教,奸伪无所容,外设百倍之利,收山泽之税,国富民强,器械完饰,蓄积有余。是以征敌伐国,攘地斥境。"指出商鞅在主持秦国行政期间,立法严刑,整顿政教,打击"奸伪",增益国家收入,加强战备蓄积,因此秦国在对外战争中多次取胜,成功扩张。又说:"秦任商君,国以富强,其后卒并六国,而成帝业。"所谓"其后",自然是包括宣太后时代的。

商鞅确定的策略原则也有利于秦的扩张。对于商鞅的战略和政策的长久影响,还有这样的评述:"昔商君明于开塞之术,假当世之权,为秦致利成业。是以战胜攻取,并近灭远,乘燕、赵,陵齐、楚,诸侯敛袵,西面而向风。其后,蒙恬征胡,斥地千里,逾之河北,若坏朽折腐。何者?商君之遗谋,备饬素修也。故举而有利,动而有功。"认为"商君之遗谋"的积极影响延续到秦始皇时代,甚至有益于蒙恬对匈奴的战争。商鞅法制建设和战略策划的意义,自然是宣太后时代"昭襄业帝"成功的最有效保障。

秦惠文王即位后处决了商鞅，却依然执行商鞅确定的新法。芈八子也就是后来的宣太后曾经亲历这一历史过程，她很可能高度认同秦惠文王的政治取向。在她主政期间，仍维护商鞅之法的权威，商鞅其人也得到一定程度的肯定。

法制秩序的稳定，即秦法中商鞅所确定制度的连续性，为社会的进步及宣太后乃至秦昭王兼并事业的成功，提供了相应的制度保证。

2. 前世之"余烈"

在秦的发展过程中，几代秦王持续维护的政策的连续性显现出了历史效力。

贾谊《过秦论》曾经如此总结秦统一的事业："秦王奋六世之余烈，振长策而御宇内，吞二周而亡诸侯，履至尊而制六合，执敲扑以鞭笞天下，威振四海。"《史记·陈涉世家》的引文是"奋六世之余烈"[1]；《史记·秦始皇本纪》的引文是"续六世之余烈"[2]，"续"字更突出地体现了秦政治风格的延续性。

所谓"六世"，据《史记·秦始皇本纪》裴骃《集解》引张晏的说法，就是"孝公、惠文王、武王、昭王、孝文王、庄

---

[1] 《史记》卷四八《陈涉世家》，第 1963 页。
[2] 《史记》卷六《秦始皇本纪》，第 280 页。

襄王"。

"六世"中，就在位时间而言，秦孝公二十四年，秦惠文王二十七年，秦昭王五十六年，秦孝文王一年，秦庄襄王三年。秦昭王时代的军事政治进取无疑具有决定性的意义。而前代君王的积极作用及其政策之连续性的意义，也应当被充分认识。

秦孝公任用商鞅推行变法，确定了秦国发展的方向。秦惠文王时代秦的国力大大增强，除向东进取而外，秦还据有了巴蜀，取得了战略优势地位。

3. "大一统"的时代要求

战国时期，向往统一已经成为比较普遍的社会意识。秦兼并列国，力争统一的努力，符合历史进步的方向。

"大一统"理想的提出，是以华夏文明的突出进步和民族文化共同体的初步形成作为历史基础的。对于"大一统"实现的方式，《孟子正文·梁惠王上》记录了孟子的观点。对于天下怎样才能安定这一问题，孟子回答说："定于一。"当对方问谁能够实现统一时，孟子回答："不嗜杀人者能一之。"[①]另

---

[①] "定于一"，赵岐注："孟子谓仁政为一也。""不嗜杀人者能一之"，赵岐注："言今诸侯有不甘乐杀人者，则能一之。"《孟子正义》卷二《梁惠王上》，第69—73页。

外，孟子还强调说："夫国君好仁，天下无敌。"①"仁人无敌于天下。"②孟子推崇的王道的核心，是以"德"统一天下。然而因秦人的努力成为历史事实的统一，却是通过战争手段实现的。

战国时期百家争鸣，各学术流派的思想家论著均多见"天下"这一语汇，体现出倾向统一的共同意识。对秦政影响最为深刻的《韩非子》一书中"天下"出现得最为频繁，多达二百六十七次。"制天下""取天下""兼天下""王天下""治天下""一匡天下""诏令天下""为天下主"等文字，都体现出秦对统一的强烈追求。

以《史记·范雎蔡泽列传》记载范雎上书秦昭王的文字为例，仅仅三百六十余字的篇幅中，说到"天下名器"，以及"天下有明主""明主""圣主"计五次。③ 这也体现出宣太后时代秦国执政集团与上层社会政治意识中"天下"的地位。

4. "尽无余"的进取精神

可能与丝织业的兴起有关，《史记》频繁使用"蚕食"语，以说明秦军事扩张的形势。

---

① 《孟子正义》卷一四《离娄上》，第486页、第492页、第497页。也说："国君好仁，天下无敌焉。"《孟子正义》卷二八《尽心下》，第962页。
② 《孟子正义》卷二八《尽心下》，第959页。
③ 《史记》卷七九《范雎蔡泽列传》，第2405页、第2404页。

## 一五　宣太后政治成功的条件

《史记·秦楚之际月表》:"秦起襄公,章于文、缪,献、孝之后,稍以蚕食六国,百有余载,至始皇乃能并冠带之伦。"①所谓"稍以蚕食六国",指出了秦向东进取的军事趋势。《史记·秦始皇本纪》以"太史公曰"的语式回顾秦史,也说道:"自缪公以来,稍蚕食诸侯,竟成始皇。"司马贞《索隐》:"言其兵蚕食天下。"②也就是说,秦统一的历史进程的发生,是秦在国力强盛的条件下逐步东进形成的态势所导致的。以"蚕食"形容军势,体现出对"蚕"的生性的细致观察,这是以蚕桑业经营经验为基础的。

"蚕食"一语,二十四史中唯在《史记》里出现得最为频繁,然而"蚕食"或许并非司马迁个人的习用语汇,大概战国时期政论家言秦国的扩张已经多使用"蚕食"一语。《史记·苏秦列传》载苏秦对赵王言赵与秦的国力对比与战略宜忌,也说到秦对韩、魏的蚕食:"韩、魏,赵之南蔽也。秦之攻韩、魏也,无有名山大川之限,稍蚕食之,傅国都而止。韩、魏不能支秦,必入臣于秦。秦无韩、魏之规,则祸必中于赵矣。"③《史记·穰侯列传》载"大夫须贾说穰侯"语,说到"魏之长吏谓魏王":"秦,贪戾之国也,而毋亲。蚕食

---

① 《史记》卷一六《秦楚之际月表》,第 759 页。
② 《史记》卷六《秦始皇本纪》,第 276 页。
③ 《史记》卷六九《苏秦列传》,第 2247 页。

魏氏，又尽晋国，战胜暴子，割八县，地未毕入，兵复出矣。夫秦何厌之有哉！"其中"蚕食魏氏，又尽晋国"，司马贞《索隐》的解释是："河东、河西、河内并是魏地，即故晋国。今言秦蚕食魏氏，尽晋国之地也。"①又《史记·李斯列传》载李斯《谏逐客书》："昭王得范雎，废穰侯，逐华阳，强公室，杜私门，蚕食诸侯，使秦成帝业。"关于"蚕食"，司马贞《索隐》："高诱注《淮南子》云：'蚕食，尽无余也。'"②

所谓"蚕食"，一言其逐步而进，一言其必"尽无余"，也就是"渐进必尽"。③ 这体现了秦的进取精神的积极性与持续性。

5. 秦文化与东方文化的融合

秦在向东发展的历史进程中，逐步重视并接受了东方文化的影响。

秦早期重要的政治文化成就《商君书》，可以判定为商鞅时代作品的内容显现，秦政治主导力量曾经对东方政治道德主题"廉"持坚决的否定态度，这应当是商鞅变法时的主流意识形态的体现。这一态度后来逐步发生了变化。《韩非子》和《吕氏春秋》中已经体现出秦政治文化体系吸纳了"廉"的原

---

① 《史记》卷七二《穰侯列传》，第2326页。
② 《史记》卷八七《李斯列传》，第2542页。
③ 王子今：《太史公笔下的"蚕"》，《月读》2020年第2期。

## 一五　宣太后政治成功的条件

则。而从《商君书》到《韩非子》的文献学史的间隔,正好大致与宣太后时代重合。

在《商君书》中可以看到对"廉"的否定。如《商君书·农战》写道:"《诗》、《书》、礼、乐、善、修、仁、廉、辩、慧,国有十者,上无使守战。国以十者治,敌至必削,不至必贫。国去此十者,敌不敢至;虽至,必却;兴兵而伐,必取;按兵不伐,必富。"高亨释"廉"为"廉洁":"《诗》、《书》、礼、乐、善良、贤能、仁慈、廉洁、辩论、慧慧,国家有这十样,君上就无法使人民守土和战争。朝廷用这十样来治民,敌人一来,国土就必被侵削;敌人不来,国家也必定贫穷。国家去掉这十样,敌人就不敢来;即使来了,也必定败退;兴兵去攻打别国,就必定取得他的土地;按兵不动,国家也必定富饶。"[1]这里列举的"十者",是以儒学为主包括东方其他学派的文化特征。不过,直接以"廉洁"释"廉",也许并不十分贴切。《商君书·去强》也有大致类似的表述:"国有礼有乐,有《诗》有《书》,有善有修,有孝有弟,有廉有辩。国有十者,上无使战,必削至亡;国无十者,上有使战,必兴至王。国以善民治奸民者,必乱至削;

---

[1] 高亨注译:《商君书注译》,第35—36页。

国以奸民治善民者，必治至强。"①此"十者"与《农战》篇的"十者"并不完全相同，增加了"孝""弟"，而缺"仁""慧"。但是它们对"廉"皆是否定的。

对于臣民的道德行为导向，《商君书·赏刑》有涉及"廉"的态度的鲜明表述："所谓壹教者，博闻、辩慧、信廉、礼乐、修行、群党、任誉、清浊，不可以富贵，不可以评刑，不可独立私议以陈其上。"高亨译文，依然以"廉洁"解释"廉"："所谓统一教育，就是人们虽然见闻多，能辩论，有智慧，诚实，廉洁，懂礼乐，修品德，结党羽，行侠义，有声名，清高；可是朝廷不准许凭借这些取得富贵；不准许根据这些批评刑罚；不准许拿独特的私议对君上陈诉。"高亨认为《赏刑》篇"是作者献给国君的书奏，作者自称'臣'，可证。"②

高亨判定为商鞅所撰的《商君书·靳令》篇说到"六虱"，也就是严重危害国家社会的六种现象："无六虱，必强"，"有六虱，必弱"。关于坚决抵制"六虱"的文字中，说到了"廉"："六虱：曰礼、乐；曰《诗》《书》；曰修善，曰孝弟；曰诚信，曰贞廉；曰仁、义；曰非兵，曰羞战。"国家有这些

---

① 高亨注译：《商君书注译》，第45页。
② 高亨注译：《商君书注译》，第133—134页、第126页。

现象，则执政者不能领导民众发展农耕、从事征战，国家不免贫弱，为外敌侵犯："上无使农战，必贫至削。"这些现象集中出现，则行政难以有效，"君之治不胜其臣，官之治不胜其民"，这就是所谓"六虱胜其政也"。① "贞廉"明确列于"六虱"之中。

可以看出，商鞅时代对"廉"的政治道德导向持负面态度。与此形成鲜明对照的是，战国时期东方六国对"廉"的推崇达到了新的历史高度。如《史记·屈原贾生列传》反复说"其行廉"。"其行廉"又与"其志絜"并说。②《史记·管晏列传》裴骃《集解》："《管子》曰：'四维，一曰礼，二曰义，三曰廉，四曰耻。'"③

大致到宣太后时代，在秦的政治语言中，"廉"的含义已经发生了变化。蔡泽劝说范雎："君何不以此时归相印，让贤者而授之，退而岩居川观，必有伯夷之廉……"④此时对于"廉"，是持肯定态度的。

对秦政有重要影响的《韩非子》一书作为法家思想集大成之作，其中已经可以看到对"廉"的正面肯定。《吕氏春秋》可

---

① 高亨注译：《商君书注译》，第10页、第106—107页。
② 《史记》卷八四《屈原贾生列传》，第2482页。
③ 《史记》卷六二《管晏列传》，第2132页。
④ 《史记》卷七九《范雎蔡泽列传》，第2423页。

以看作吕不韦为统一秦帝国绘制的政治文化蓝图,其中也明确肯定"廉"。

秦统一后,秦始皇东巡刻石,对"廉"的宣传体现出鲜明的政治倾向。[1] 秦二世表扬赵高,称"赵君为人精廉强力,下知人情,上能适朕",言谈中"廉"明确显示出褒奖之意。[2] 睡虎地秦简《为吏之道》中也积极倡导以"廉"为原则的政治道德。

秦史中从商鞅时代到秦始皇时代对"廉"的态度的翻覆性变化值得注意。以"廉"为标本的秦政治道德导向考察,应当有助于我们深化对秦政治文化历史转变的认识。

对"廉"的道德取向的变化,大致可以体现出三个方面的问题。第一,秦在与东方文化的竞争中逐步洗刷游牧生活传统,在政治道德层面,秦文化与东方文化在妥协的基点上实现了融合。第二,秦国执政者对商鞅"刻薄"偏执的行政倾向进行了修正。第三,秦在向东进取的过程中,逐步接受了东方文化的若干影响。

### 6. "秦暴""秦贪""秦虎狼"形象的修正

《史记·秦本纪》写道:"周室微,诸侯力政,争相并。

---

[1] 秦始皇三十七年(前210)会稽刻石有"咸化廉清"词句。《史记》卷六《秦始皇本纪》,第262页。
[2] 《史记》卷八七《李斯列传》,第2559页。

秦僻在雍州，不与中国诸侯之会盟，夷翟遇之。"①指出东方各国将秦看作"夷翟"。《史记·六国年表》有"秦杂戎翟之俗"和"秦始小国僻远，诸夏宾之，比于戎翟"②的说法，体现了东方人对秦民俗构成中多有戎狄基因的认识。《史记·商君列传》写道："秦戎翟之教。"③则是更极端的表述。《史记·天官书》写道：秦，"夷狄也"④，直接将秦指为"夷狄"。

此外，东方各国对秦的凶暴持排斥态度。《史记·六国年表》："（秦）先暴戾，后仁义"，"秦取天下多暴"。⑤《史记·苏秦列传》："秦取天下，非行义也，暴也"，"秦之行暴"。⑥《陈涉世家》《郦生陆贾列传》《张耳陈余列传》中有"暴秦"之说。⑦ 至于《刺客列传》所谓"秦王之暴""以雕鸷之秦，行怨暴之怒"⑧，都透露出东方人政治文化意识中对于"秦暴"的痛恨。⑨

---

① 《史记》卷五《秦本纪》，第202页。
② 《史记》卷一五《六国年表》，第685页。
③ 《史记》卷六八《商君列传》，第2234页。
④ 《史记》卷二七《天官书》，第1344页。
⑤ 《史记》卷一五《六国年表》，第685页、第686页。
⑥ 《史记》卷六九《苏秦列传》，第2271页。
⑦ 《史记》卷四八《陈涉世家》，第1952页；《史记》卷九七《郦生陆贾列传》，第2698页；《史记》卷八九《张耳陈余列传》，第2573页。
⑧ 《史记》卷八六《刺客列传》，第2529页。
⑨ 王子今：《"秦暴"评议：以秦兼并天下的历史舆论为对象》，《重庆师范大学学报》（社会科学版）2018年第4期。

秦人以凌厉兵锋体现出来的进取精神，又被指责为"贪""贪鄙""贪戾"。《史记·魏世家》："秦……贪戾好利无信。"《史记·刺客列传》可见"秦王贪"的说法，又说"秦有贪利之心"。贾谊《过秦论》："秦王怀贪鄙之心。"

"虎狼之秦"，也是东方人常常使用的对秦文化风格的比喻，见于《史记·苏秦列传》。①"秦，虎狼之国"也频繁见于战国时期东方人的言谈。

《史记·楚世家》记载昭雎说："秦虎狼，不可信。"②又《史记·魏世家》记载，信陵君对魏王说："秦与戎翟同俗，有虎狼之心，贪戾好利无信，不识礼义德行。苟有利焉，不顾亲戚兄弟，若禽兽耳……"③"戎狄""虎狼""禽兽"等詈骂语，都体现了东方人对秦的排斥。信陵君的激烈言论，对于我们讨论秦人占领魏地"出其人""归其人"现象，有重要的参考价值。

回顾历史，秦国在扩张领土的过程中所施行的对新区的统治政策有得有失。而秦对于巴蜀的政策，应当说是比较成功的。秦惠文王更元九年（前316），张仪、司马错和都尉墨等率军攻伐蜀国，很快就在蜀地建立了稳固的统治。秦昭王

---

① 《史记》卷六九《苏秦列传》，第2254页、第2261页。
② 《史记》卷四〇《楚世家》，第1728页。
③ 《史记》卷四四《魏世家》，第1857页。

## 一五　宣太后政治成功的条件

时期和巴人订立了盟约，宣布对当地原有的经济形式和风俗习惯都不以强力进行干涉和变革，使得"夷人安之"①。后来，巴人和蜀人都参加了秦军征服楚地的战役，并且有效地承担了伐楚的部分军需供应。

秦逐渐接近东方文化的具体的例证，还有上文说到的宣太后执政时，秦昭王九年（前298）"孟尝君薛文来相秦"一事，这是秦国引入东方人才推动行政进步的特例。

大致在秦宣太后时代，赵国执政集团就对秦国的战略有过一次重要的讨论。《战国策·赵策一》记载，赵豹警告赵王应避免与秦国对抗，说道："秦以牛田，水通粮，其死士皆列之于上地，令严政行，不可与战。王自图之！"②我们看到，赵豹对"秦"的评判，已经开始客观分析其国家与军队的实力，包括生产力、战斗力和政策的执行力，而不再取简单谩骂的态度。

---

① 《后汉书》卷八六《南蛮西南夷列传》，第2842页。
② 《战国策》卷一八《赵策一》，第618页。

## 代结语:"世家""列传"
## ——有关宣太后的历史记忆和历史评价

八年以前,我遵贺耀敏先生嘱,整理对于秦史宣太后时代的一些思考,结合电视连续剧《芈月传》播放产生的社会影响,也谈了一些想法,于是形成一本小书《卸妆芈月:宣太后世家》。① 总体来说,对于宣太后的历史表现,作为一个秦汉史研究者,以往的关注是不够的。幸有郑晓龙作品《芈月传》创作与问世,激发了人们对这段历史的好奇,也促使我对相关问题进行初步思考。也许今后还会就这位历史人物的地位和作用,以及她所生活的时代的历史特点再做更深层次的探索。

宣太后时代的秦国,表现出历史特征鲜明的英雄主义、进取精神和开放胸怀。"昭襄业帝"的成功,为后来秦的统一

---

① 王子今:《卸妆芈月:宣太后世家》,中国人民大学出版社,2016年。

## 代结语:"世家""列传"——有关宣太后的历史记忆和历史评价

开拓了道路。认识这段历史,总结这段历史,对于分析中国历史的走向,理解我们民族精神形成的基因,是有积极意义的。

这本小书,书题用"宣太后世家"语,妄用司马迁《史记》体裁形式。而《吕太后本纪》之"吕太后"题名,也可以借鉴。谨此说明。《史记》的"世家",后来不被别的史书沿用。自《汉书》以后,都采用"列传"替代《史记》的"世家"。朱东润说:"《史记》诸体中不久旋废者,惟有'世家'。"指出《史记》体例中,只有"世家"为后来的史家所放弃。又引赵翼《廿二史札记》说:"《史记·卫世家赞》,余读《世家》言云云,是古来本有'世家'一体,迁用之以记王侯诸国。《汉书》乃尽改为'列传'。'传'者,传一人之生平也。王侯开国,子孙世袭,故称'世家'。今改作'传'而其子孙嗣爵,又不能不附其后,究非体矣。"朱东润写道:"周汉之间,凡能拱辰共毂,为社稷之臣,效股肱辅弼之任者,则史迁入之'世家'。开国可也,不开国亦可也;世代相续可也,不能相续亦可也;乃至身在草野,或不旋踵而亡,亦无不可也。明乎此,而后可以读《史记》。"[①]指出,只有了解了"世家"的意义之后,才能

---

① 朱东润:《史记考索(外二种)》,华东师范大学出版社,1996年,第14页、第16—17页。

够"读《史记》"。按照清代学者吴见思的看法："'世家'之体，与'列传'不同。""为'世家'者，另有一副笔仗；读'世家'者，当另换一副眼光。无作矮子观场，随人笑语也。"①

对于"世家"，作者"另有一副笔仗"，读者"当另换一副眼光"。这样的观点，是有深意的。

《卸妆芈月：宣太后世家》题名用"世家"二字，当然只是借用"世家"名义，不仅不能承袭"'世家'之体"，其中文气和精神都愧对司马迁的史学创造。然而，宣太后的地位显然值得列入"世家"，则是我们确定的判断。

关于宣太后，我曾经写过《秦史的宣太后时代》和《宣太后的历史表演与秦统一进程》两篇比较严肃的史学论文。② 陕西人民出版社关宁有意重新出版《卸妆芈月：宣太后世家》时，我却想将有关这位历史人物的学术考察和文化思索进行整理，形成一本史学专著，遵从关宁的建议，题《秦宣太后传》。

如前引朱东润说"'传'者，传一人之生平也"，《秦宣太后传》更集中地辑录史料，更认真地考订史事，更正规地说

---

① 〔清〕吴见思撰：《史记论文》，陆永平点校整理，上海古籍出版社，2008年，第26页。
② 王子今：《秦史的宣太后时代》，《光明日报》2016年1月20日，第14版；《宣太后的历史表演与秦统一进程》，《秦汉研究》第11辑，陕西人民出版社，2017年。

## 代结语:"世家""列传"——有关宣太后的历史记忆和历史评价

明史实,希望将传主"生平"做更全面更深入的总结。

这些年来我完成的以秦史为主题的学术专著,先后有《睡虎地秦简〈日书〉甲种疏证》[1]、《秦始皇直道考察与研究》[2]、《秦交通史》[3]、《秦史人物论稿》[4]、《秦扩张史:土地与民人》[5]、《秦人的信仰世界》[6]、《秦统一综论》[7];并有主编两套丛书"'秦直道'丛书"和"秦史与秦文化研究丛书"面世。[8] 这本《秦宣太后传》,我以为是可以与以上几种秦史研究论著并列的。

感谢关宁的鼓励和督促。感谢中国社会科学院古代史研究所曾磊在我一时大意丢失书稿电子版之后,帮我抢救回来。也感谢北京大学图书馆汤燕女士帮助我多方寻找并认真复制了多幅插图。

---

[1] 王子今:《睡虎地秦简〈日书〉甲种疏证》,湖北教育出版社,2003年。
[2] 王子今:《秦始皇直道考察与研究》,陕西师范大学出版社,2018年。
[3] 王子今:《秦交通史》,西北大学出版社,2021年。
[4] 王子今:《秦史人物论稿》,中国社会科学出版社,2021年。
[5] 王子今:《秦扩张史:土地与民人》,上海古籍出版社,2023年。
[6] 王子今:《秦人的信仰世界》,中国社会科学出版社,2023年。
[7] 王子今:《秦统一综论》,北京师范大学出版社,待出版。
[8] 王子今主编"'秦直道'丛书",陕西师范大学出版社,2018年;"秦史与秦文化研究丛书",西北大学出版社,2021年。

# 附论：粉墨历史——"油腻"和"虚无"

拙著《卸妆芈月：宣太后世家》中有一节，题为"拭去'芈月'脸上的油彩"。其中内容，也涉及对真实历史人物宣太后的认识。

我当时写道："电视剧《芈月传》以宣太后为模型，塑造了一个多彩的历史形象。'芈月'为许多观众所喜爱。不过，借用庸芮劝谏宣太后的话，'若死者有知'[①]，宣太后是否认同后人以21世纪的艺术形式对自己的复原式表现呢？"

许多关注《芈月传》的热心网友，对这部电视剧中的人物、情节、语言，乃至服装、道具等提出了许多意见甚至质疑。就此讨论，是有意义的。

---

① 《战国策》卷四《秦策二》，第167页。

附论：粉墨历史——"油腻"和"虚无"

1. 影视表现的细节

电视剧《芈月传》可以说取得了令人称羡的成功。相当高的收视率，以及茶余饭后的谈论、街头巷尾的品评、网民的热烈争论、媒体的高温炒作，使得人们对战国史的兴趣大大提升，这是从事相关学术研究的人深感高兴的事。而讨论中涉及的一些问题，也促使历史学者对若干相关历史文化现象进行更深层次的思考。其中有的疑问，可以借助我们现有的知识加以澄清。

其一，商鞅之死。

对于商鞅被秦惠文王处死的情节，有的朋友提出了这样的问题：商鞅是被车裂处死还是死后受车裂之刑？

《史记·秦本纪》有对于商鞅之死的明确记载："孝公卒，子惠文君立。是岁，诛卫鞅。鞅之初为秦施法，法不行，太子犯禁。鞅曰：'法之不行，自于贵戚。君必欲行法，先于太子。太子不可黥，黥其傅师。'于是法大用，秦人治。及孝公卒，太子立，宗室多怨鞅，鞅亡，因以为反，而卒车裂以徇秦国。"[1]说到"诛卫鞅"，又说到"车裂以徇秦国"。"诛"有指责、索求、惩罚、征讨、杀戮、除去、记述等义。这里"诛卫鞅"的"诛"，显然是指杀戮。"车裂"是"诛"的具体形

---

[1] 《史记》卷五《秦本纪》，第205页。

式。而《史记·商君列传》写道:"秦孝公卒,太子立。公子虔之徒告商君欲反,发吏捕商君。商君亡至关下,欲舍客舍。客人不知其是商君也,曰:'商君之法,舍人无验者坐之。'商君喟然叹曰:'嗟乎,为法之敝一至此哉!'去之魏。魏人怨其欺公子卬而破魏师,弗受。商君欲之他国。魏人曰:'商君,秦之贼。秦强而贼入魏,弗归,不可。'遂内秦。商君既复入秦,走商邑,与其徒属发邑兵北出击郑。秦发兵攻商君,杀之于郑黾池。秦惠王车裂商君以徇,曰:'莫如商鞅反者!'遂灭商君之家。"①《资治通鉴》卷二"周显王三十一年"写道:"秦孝公薨,子惠文王立。公子虔之徒告商君欲反,发吏捕之。商君亡之魏,魏人不受,复内之秦。商君乃与其徒之商於,发兵北击郑。秦人攻商君,杀之,车裂以徇,尽灭其家。"胡三省注:"车裂,古之辗刑。"②

对照《秦本纪》和《商君列传》两种说法,前者言"车裂",后者言先"杀之于郑黾池",而后"秦惠王车裂商君以徇"。《资治通鉴》取用后说,写作"杀之,车裂以徇"。大概先处死,后"车裂以徇"的记载是准确的。

我们注意秦史中其他"车裂"之例,如《史记·秦始皇本

---

① 《史记》卷六八《商君列传》,第2237页。
② 《资治通鉴》,第61页。

纪》记载嫪毐等被处死情境："毐等败走。即令国中：有生得毐，赐钱百万；杀之，五十万。尽得毐等。卫尉竭、内史肆、佐弋竭、中大夫令齐等二十人皆枭首。车裂以徇，灭其宗。"也是先"枭首"，然后"车裂以徇"。而张守节《正义》引《说苑》说到茅焦劝谏秦始皇语，只说"车裂"："秦始皇太后不谨，幸郎嫪毐，始皇取毐四支车裂之，取两弟扑杀之，取太后迁之咸阳宫。下令曰：'以太后事谏者，戮而杀之，蒺藜其脊。'谏而死者二十七人。茅焦乃上说曰：'齐客茅焦，愿以太后事谏。'皇帝曰：'走告若，不见阙下积死人耶？'使者问焦。焦曰：'陛下车裂假父，有嫉妒之心；囊扑两弟，有不慈之名；迁母咸阳，有不孝之行；蒺藜谏士，有桀纣之治。天下闻之，尽瓦解，无向秦者。'王乃自迎太后归咸阳，立茅焦为傅，又爵之上卿。"①所谓"车裂假父"，强调对嫪毐的行刑方式是"车裂"。大概具有强烈视觉冲击力的"车裂"形式，可以形成执行者期望的社会影响。这就是"徇"的意义。

《史记·秦始皇本纪》有"吾读《秦纪》，至于子婴车裂赵高，未尝不健其决，怜其志"的话。而关于赵高之死，又明确记载："子婴遂刺杀高于斋宫，三族高家以徇咸阳。"②也应

---

① 《史记》卷六《秦始皇本纪》，第229页。
② 《史记》卷六《秦始皇本纪》，第293页、第275页。

当是先"刺杀",随后"车裂""以徇"。

另外,据《史记·陈涉世家》记载:"初,陈王至陈,令铚人宋留将兵定南阳,入武关。留已徇南阳,闻陈王死,南阳复为秦。宋留不能入武关,乃东至新蔡,遇秦军,宋留以军降秦。秦传留至咸阳,车裂留以徇。"[①]农民暴动首领宋留"降秦"后被杀害,《史记》只说"车裂"。

推想所谓"车裂"之刑,可能有车裂处死和死后车裂示众两种情形。商鞅之死,或许应当是后一种情形。

其二,芈月与黄歇的恋情。

芈月与黄歇,就现有历史知识而言,存在生活年代的差距,剧作家在阅读许多历史资料之后已经考虑到这一情形。现在的处理方式,应当主要是从剧中情节设计的艺术追求出发。讨论相关剧情的合理性时,也许应当考虑到两个问题。

第一,历史文献也可能出现年代的差误。

长沙马王堆3号汉墓出土了大批西汉初年的帛书古佚书,其中包括战国重要史料《战国纵横家书》。唐兰研究这一重要出土文献,在《司马迁所没有见过的珍贵史料——长沙马王堆帛书〈战国纵横家书〉》一文中指出了经过比照发现的司马迁记述的年代错误,其中涉及历史人物活动年代的先后

---

① 《史记》卷四八《陈涉世家》,第1959页。

附论：粉墨历史——"油腻"和"虚无"

差异。他写道："关于苏秦的年代，我在 1941 年曾推断他在张仪之后，与齐秦称帝同时。杨宽同志在 1955 年写的《战国史》，徐中舒同志在 1964 年的论文，都有类似的意见，现在发现了真正的《苏秦书》，时代问题已经得到证实了。《史记·苏秦传》说苏代是苏秦之弟，事实上苏代当是兄……苏代游说诸侯较早，在前四世纪末期，已往来于楚魏燕齐各国，苏秦的事迹要晚得多。帛书第二十二章《谓陈轸》说：'齐宋攻魏，楚围翁是，秦败屈丐。'这个游说之士自称其名为秦，显然是苏秦。《史记》改成苏代说田轸，是由于齐宋攻魏，在前 312 年，照司马迁的错误年代，苏秦早已死了，就不得不改为苏代。其实，苏代此时早就显名于诸侯，决不会立在门前，听到一些传闻之辞，就来请谒陈轸的。而苏秦年纪还轻，还没有知名，所以尊称陈轸为'公'。陈轸与张仪相恶，苏秦的游说是迎合他的心意的。此时的张仪早已相秦、相魏、相楚，再过两年就死了。《史记》说苏秦挂六国相印后，才激怒贫困的张仪，使他入秦。一直到苏秦死后，张仪才搞连横。这显然是战国末年把范雎改名为张禄入秦为相的故事，误传为张仪而写成小说家言，而司马迁却误信为真了。战国末年学纵横之术的好事者曾拟作苏秦合纵和张仪连横十多篇，文笔颇酣畅可喜。这些伪作，充塞于《史记》和《战国策》中，把真正的苏秦事迹都搅混乱了。两千年来，迷惑了无数读者，尽管其中有很多可疑之处，也无法搞清楚。"唐兰指出："帛书《战国纵横家书》的发现，为苏秦的历史提出了可靠的资料。"①苏代和苏秦生活年代错乱的情形，在战国人物故事中可能还存在。

第二，艺术作品中历史人物的年龄表现，有时会因主题的需要而失真。

针对这种情形，或许应当取某种宽容的态度。毛泽东是一位对历史非常熟悉的政治家，他对于历史主题的文学作品也比较关心。他在1958年11月的一次谈话中说："《三国演义》是小说，《三国志》是史书，二者不可等同视之。若说生动形象，当然要推演义；若论真实性，就是说更接近历史真实，罗贯中的《三国演义》就不如陈寿的《三国志》啰！"他举例道："比如，旧戏里诸葛亮是须生，而周瑜是小生，显然诸葛亮比周瑜年纪大。这可能是来源于演义。而在《三国志》上记载周瑜死时三十七岁，那时诸葛亮才三十岁，即比周瑜小七岁。"②小说和戏曲中人物年龄处理与历史真实的差误，人们长期以来都接受了。

其三，服装色彩。

---

① 马王堆汉墓帛书整理小组：《战国纵横家书》，文物出版社，1976年，第129—130页。
② 盛巽昌编著：《毛泽东和"三国"》，文汇出版社，1995年，第75页。

附论：粉墨历史——"油腻"和"虚无"

芈月及相关人物的造型引起了若干争议。比如，人们就《芈月传》剧中人物的服装颜色是否过于亮丽，衣服材质是否现代感过强，是否因此丧失了历史感提出了问题。

在宣太后之后，著名的嫁为秦妇的楚女又有成为秦孝文王后的华阳夫人。秦孝文王是秦昭王的继承人。吕不韦进行政治投资，支持异人谋求继承王位的机会。据《战国策·秦策五》"濮阳人吕不韦贾于邯郸"条记载，他让异人穿"楚服"谒见"无子"的华阳夫人，果然博得其欢心："不韦使楚服而见。王后悦其状，高其知，曰：'吾楚人也。'而自子之，乃变其名曰楚。"异人"楚服而见"直接与"王后悦其状"并更其名为"楚"相关。汉代学者高诱解释"楚服"说，即"盛服"，"以王后楚人，故服楚制以说之"。[①] 衣"楚服"也就是"盛服"可以撩动离乡已久的楚女的乡愁，我们由此解说得到的直接的认识是楚人有喜好华丽服饰的风习。而以鸟羽为饰的形式，在秦汉史迹中可以发现实证。

其四，鸟羽为饰。

楚人以禽鸟羽毛为饰是否符合史实，也是《芈月传》播放之后观众提出的疑问之一。

以鸟羽为饰，是一种具有悠久传统的风习。何晏《景福

---

① 《战国策》卷七《秦策五》，第 279—280 页。

殿赋》:"流羽毛之威蕤,垂环玭之琳琅。"李善注:"言宫室以羽毛为饰。"①以鸟羽装饰车盖,称"羽盖",见于《周礼·春官·巾车》。郑玄注:"以羽作小盖,为翳日也。"又有"翟车"。注文曰:"以翟饰车之侧尔。"②帝王仪仗的华盖以鸟羽装饰,称"羽葆"。《汉书·韩延寿传》:"建幢棨,植羽葆。"颜师古注:"植亦立也。羽葆,聚翟尾为之,亦今纛之类也。"③

鸟羽作为旗帜的装饰材料,又可见《左传·襄公十四年》:"范宣子假羽毛于齐而弗归……"杜预注:"析羽为旌,王者游车之所建,齐私有之,因谓之羽毛。"④《墨子·非乐上》说到"蜚鸟"的功用,包括"因其羽毛以为衣裘"。⑤《史记·封禅书》说到"使使衣羽衣","五利将军亦衣羽衣"。⑥《汉书·郊祀志第五上》:"五利将军亦衣羽衣。"颜师古注:"羽衣,以鸟羽为衣,取其神仙飞翔之意也。"⑦曹植《平陵

---

① 〔梁〕萧统编,〔唐〕李善注:《文选》,中华书局,1977年11月据胡克家刻本缩小影印版,第173页。
② 〔清〕孙诒让撰:《周礼正义》,王文锦、陈玉霞点校,中华书局,1987年,第2169页,第2168页。
③ 《汉书》卷七六《赵尹韩张两王传》,第3214页。
④ 《春秋左传集解》,第920页。
⑤ 〔清〕孙诒让撰:《墨子间诂》,孙以楷点校,中华书局,1986年,第232页。
⑥ 《史记》卷二八《封禅书》,第1391页。
⑦ 《汉书》卷二五《郊祀志第五上》,第1224页。

附论：粉墨历史——"油腻"和"虚无"

东》有"被我羽衣乘飞龙"句。①

以鸟羽制成的所谓"羽扇"，明确见于记录楚地风习的文献。晋人陆机《羽扇赋》："昔楚襄王会于章台之上，山西与河右诸侯在焉。大夫宋玉、唐勒侍，皆操白鹤之羽以为扇。诸侯掩麈尾而笑。襄王不悦。宋玉趋而进曰：'敢问诸侯何笑？'"随后有"山西与河右诸侯"与宋玉关于以鸟羽为扇的讨论。对于"顾奚取于鸟羽"的质问，宋玉有"未若兹羽之为丽，固体后而用鲜；彼凌霄之辽鸟，播鲜辉之轻蒨"，"累怀璧于美羽，挫千岁乎一箭；委曲体以受制，奏双翅而为扇"，"伊兹羽之骏敏，似南箕之启扉；垂皓曜之弈弈，含鲜风之微微"的回答。赋文写道："襄王仰而拊节"，诸侯"皆委扇于楚庭，执鸟羽而言归"。于是，"属唐勒而为之辞曰：伊鲜禽之令羽，夫何翩翩与眇眇"。"反寒暑于一堂之末，回八风乎六翮之杪。"②从这篇赋作透露的信息看，以鸟羽为扇可能是楚人的发明。

以鸟羽为头饰，见于汉代文学家王粲的《神女赋》。其中写道："戴金羽之首饰，珥照夜之珠珰"，"税衣裳兮免簪笄，

---

① 〔三国魏〕曹植原著，赵幼文校注：《曹植集校注》，中华书局，2016年，第597页。
② 韩格平、沈薇薇、韩璐、袁敏校注：《全魏晋赋校注》，吉林文史出版社，2008年，第316页。

施华的兮结羽仪"。① 所谓"羽仪",或作"羽钗"。《史记·五宗世家》司马贞《索隐》:"王粲《神女赋》以为'脱袿裳,免簪笄,施玄旳,结羽钗'。"②"羽钗",应是装饰翠羽的钗。唐人孟浩然《庭橘》诗有"骨刺红罗被,香黏翠羽簪"句③,这是形容橘的诗作,但是"翠羽簪"的说法也可以作为我们讨论鸟羽头饰的参考。然而这是相对较晚的资料了。

以鸟羽为饰的形式,在秦汉史迹中仍然可以发现实证。如李斯《谏逐客书》:"今陛下致昆山之玉,有随、和之宝,垂明月之珠,服太阿之剑,乘纤离之马,建翠凤之旗,树灵鼍之鼓。此数宝者,秦不生一焉,而陛下说之,何也?"④所谓"翠凤之旗",就是用"翠凤"羽毛装饰的旗帜,如前所说"析羽为旌"情形。《史记·范雎蔡泽列传》:"……且夫翠、鹄、犀、象,其处势非不远死也,而所以死者,惑于饵也。"⑤捕杀"翠、鹄",应是为了取其羽毛。里耶秦简可见"求羽""捕羽""求翰羽""捕鸟及羽""捕白翰羽""买羽""买白翰羽""卖白翰羽"以及"羽赋"简文,说明了楚地鸟羽的消

---

① 费振刚、胡双宝、宗明华辑校:《全汉赋》,北京大学出版社,1993年,第672页。
② 《史记》卷五九《五宗世家》,第2100页。
③ 〔唐〕孟浩然撰:《孟浩然集》,《四部丛刊》景明本,第8页。
④ 《史记》卷八七《李斯列传》,第2422页。
⑤ 《史记》卷七九《范雎蔡泽列传》,第2422页。

附论：粉墨历史——"油腻"和"虚无"

费需求以及鸟羽进入市场的情形。①

其五，芈姝。

对于芈姝的楚女身份，也有质疑的声音。

据秦史专家马非百考论，宣太后平定秦内乱时，"……及惠文后皆不得良死"者，"此惠文后乃楚女，与《穰侯传》后生武王为魏女者不是一人"。② 参考这样的意见，则《芈月传》中对芈姝的人物塑造也并非全无根据。

其六，劓美人：体臭？口臭？

有一段对《芈月传》中张仪形象的分析："在《芈月传》中，为了渲染张仪'小人''不择手段'的性格特点，编剧将魏美人受劓刑的根由安到了张仪身上。"③对于这个故事的具体情节，也有澄清的必要。

楚王"劓美人"的故事，在《韩非子》中两次出现。《韩非子·内储说下·说三》所说细节不一，一为"掩口"，一为"掩鼻"："荆王所爱妾有郑袖者。荆王新得美女，郑袖因教之曰：'王甚喜人之掩口也，为近王，必掩口。'美女入见，近

---

① 王子今：《说"捕羽"》，《里耶秦简博物馆藏秦简》，中西书局，2016年；《里耶秦简"捕羽"的消费主题》，《湖南大学学报》(社会科学版) 2016年第4期。
② 马非百：《秦集史》，第64页。
③ 李翊：《张仪与苏秦，奔走四方的策士们》，《三联生活周刊》2015年12月17日。

王,因掩口。王问其故,郑袖曰:'此固言恶王之臭。'及王与郑袖、美女三人坐,袖因先诫御者曰:'王适有言,必亟听从王言。'美女前,近王甚,数掩口。王悖然怒曰:'劓之。'御因揄刀而劓美人。一曰:魏王遗荆王美人,荆王甚悦之。夫人郑袖知王悦爱之也,亦悦爱之,甚于王,衣服玩好择其所欲为之,王曰:'夫人知我爱新人也,其悦爱之甚于寡人,此孝子所以养亲,忠臣之所以事君也。'夫人知王之不以己为妒也,因为新人曰:'王甚悦爱子,然恶子之鼻,子见王,常掩鼻,则王长幸子矣。'于是新人从之,每见王,常掩鼻。王谓夫人曰:'新人见寡人常掩鼻,何也?'对曰:'不已知也。'王强问之,对曰:'顷尝言恶闻王臭。'王怒曰:'劓之。'夫人先诫御者曰:'王适有言,必可从命。'御者因揄刀而劓美人。"①《韩非子·内储说下·利异二》于是有"郑袖言恶臭而新人劓"的说法。② 其中关于"美女""美人""掩口""掩鼻"动作的缘由,都说"恶臭","恶闻王臭"。

这一故事又见于《战国策·楚策四》"魏王遗楚王美人"条:"魏王遗楚王美人,楚王说之。夫人郑袖知王之说新人也,甚爱新人。衣服玩好,择其所喜而为之;宫室卧具,择

---

① 陈奇猷校注:《韩非子集释》,第588—589页。
② 陈奇猷校注:《韩非子集释》,第573页。

附论：粉墨历史——"油腻"和"虚无"

其所善而为之。爱之甚于王。王曰：'妇人所以事夫者，色也；而妒者，其情也。今郑袖知寡人之说新人也，其爱之甚于寡人，此孝子之所以事亲，忠臣之所以事君也。'郑袖知王以己为不妒也，因谓新人曰：'王爱子美矣。虽然，恶子之鼻。子为见王，则必掩子鼻。'新人见王，因掩其鼻。王谓郑袖曰：'夫新人见寡人，则掩其鼻，何也？'郑袖曰：'妾知也。'王曰：'虽恶必言之。'郑袖曰：'其似恶闻君王之臭也。'王曰：'悍哉！'令劓之，无使逆命。"①也说"新人""掩其鼻"，是"恶闻君王之臭"。《战国策》鲍本注有"王盖有臭疾"的解释。②

《韩非子》"恶臭""恶闻王臭"以及《战国策》"恶闻君王之臭"，容易被理解为体臭。或许这种"臭"因此而被处理成了人体狐臭。

不过，《太平御览》卷三六七引《韩子》的文字是这样的："魏王遗楚美女，楚王悦之。夫人郑袖谓新人曰：'王甚爱子，然恶子鼻。见王常掩鼻，则王长幸子。'于是新人从之。王谓夫人曰：'新人见寡人常掩鼻何？'对曰：'言恶闻王口臭。'王怒甚，因劓之。"③这里明确说是"口臭"。对于人体生

---

① 《战国策》卷一七《楚策四》，第553—554页。
② 《战国策》卷一七《楚策四》，第554页。
③ 《太平御览》，第1690页。

239

理史、卫生史和口腔医学史来说，这一故事提供了值得重视的信息。

其七，太后自称"朕"。

太后是否可以自称"朕"，也是应当说明的问题。

大家都知道秦始皇确定"皇帝"称号的过程。据《史记·秦始皇本纪》记载，统一实现之后，秦王政令丞相、御史"其议帝号"。丞相王绾、御史大夫冯劫、廷尉李斯建议："王为'泰皇'。命为'制'，令为'诏'，天子自称曰'朕'。"① 秦始皇决定，去掉"泰"字，保留"皇"字，再采用上古"帝"号，称"皇帝"。其他如王绾、冯劫、李斯等议。② 也就是说，"天子自称曰'朕'"，成为确定的制度。

于是人们怀疑，宣太后是否可以"自称曰'朕'"。

其实，"朕"本来就是当时社会通行的表示第一人称的代词。《说文·舟部》："朕，我也。"③《尔雅·释诂下》："朕"，"我也。""朕，余、躬、身也。"郭璞解释说："古者贵贱皆自称'朕'。""今人亦自呼为身。"④按照《说文》和《尔雅》的解说，大致在秦始皇称帝之前，"朕"曾经是社会"贵贱"人

---

① 《史记》卷六《秦始皇本纪》，第236页。
② 王子今：《秦始皇议定"帝号"与执政合法性宣传》，《人文杂志》2016年第2期。
③ 《说文解字注》，第403页。
④ 《十三经注疏》，第2573页。

附论：粉墨历史——"油腻"和"虚无"

等所共同使用的自我称谓。只是在秦始皇之后，"朕"成为皇帝专有的自称形式。

其八，母国。

在《芈月传》的人物语言中出现了"母国"的说法。"母国"在对白中的语义，类同于我们今天常说的"祖国"。

在记载战国时期历史文化的文献中，曾经有过"母国"的称谓。但是当时所谓"母国"，语义并非"祖国"。

先秦有"父母国"的说法。《孟子正义·万章下》所见孟子的话，称"故闻柳下惠之风者，鄙夫宽，薄夫敦"。又有这样的内容："孔子之去齐，接淅而行。去鲁，曰：'迟迟吾行也。去父母国之道也。'可以速而速，可以久而久，可以处而处，可以仕而仕，孔子也。"赵岐注："鲁，父母之国，迟迟不忍去也。是其道也。孔子圣人，故能量时宜，动中权也。"①《韩诗外传》卷三也有大致类同的文字："故闻柳下惠之风，鄙夫宽，薄夫厚。至乎孔子去鲁，迟迟乎其行也，可以去而去，可以止而止，去父母国之道也。""柳下惠，圣人之和者也；孔子，圣人之中者也。"②这里所谓"父母国"，可以说近似于"祖国"。

---

① 《孟子正义》卷二〇《万章下》，第 671—672 页。
② 屈守元笺疏：《韩诗外传笺疏》，巴蜀书社，1996 年，第 334 页。

在记述春秋战国的历史文献中，也可以看到"母国"这一语汇的使用。《史记·晋世家》记载，晋国内乱，重耳仓皇出逃，"重耳遂奔狄。狄，其母国也"①。这里所谓"母国"，是说母亲的出生地，与今天所谓"祖国"其实不同。重耳的"祖国"，毫无疑问应当是晋国。

这样说来，以"母国"替代"祖国"的用法，其实是不合适的。《芈月传》对白中的"母国"改作"父母国"，或许比较妥当。

其九，"芈月"姓名。

有人说，芈月的名字来自当时陶俑上发现的戳记文字。然而我们知道，这种陶文应当是"物勒工名，以考其诚"制度的体现。《吕氏春秋·孟冬季》："物勒工名，以考其诚；工有不当，必行其罪，以穷其情。"高诱注："物，器也。勒铭工姓名著于器，使不得诈巧，故曰以考其诚。"就是在产品上标记制作者的名字，以便考察其工作责任心与工作态度。许维遹《吕氏春秋集释》还引录了梁玉绳的解说："后世制器镌某造，盖始于秦。"②这种可能"始于秦"的制度，在产品质量出现问题时可以追究责任，即所谓"工有不当，必行其罪，

---

① 《史记》卷三九《晋世家》，第 1656 页。
② 许维遹撰，梁运华整理：《吕氏春秋集释》，第 218 页。

附论：粉墨历史——"油腻"和"虚无"

以穷其情"。"工有不当"又作"功有不当"。①

这种制度在战国时期通行。不过，陶俑身上的铭文通常只是标记工匠姓名。即使这些陶俑是为某位死者随葬而制作，死者的姓名也应该不会以这种形式在陶俑身上出现。

上文已经说过，先秦时期的姓氏制度比较复杂。有学者指出，先秦女子称姓的方式有近二十种。基本的形式有：单称姓的形式，如"宂伯作姬宝鼎""郑大内氏叔上作妘媵匜"的姬、妘；"氏+姓"的形式，如薄姬、芮姜；"字+姓"的形式，如仲子、季妃；"名+姓"的形式，如妫鲁、姜虎；"谥+姓"的形式，如宣姜、怀嬴。关于芈姓，研究者写道："芈姓。祝融八姓之一，金文作嫳。芈姓在文献中的人名例证有江夫人江芈、郑文公夫人文芈、楚昭王妹季芈畀我等，金文中则有江仲芈、嘉芈、孟芈等。芈姓国之代表为楚。"②

2. 历史与历史剧

中国文化有特别重视历史的传统，在文学形式中，这一偏重也有相应的体现，咏史诗、怀古诗、历史小说等，都有广泛的社会影响。而中国古代戏剧大部分取材于历史，也是明显的事实。

---

① 《十三经注疏》，第1381页。
② 张淑一：《先秦姓氏制度考索》，福建人民出版社，2008年，第108—111页，第54页。

李长之在《司马迁之人格与风格》中写道："因为司马迁的《史记》富有那么些传奇的材料之故，也成了后来戏曲家的宝库。"他指出，现存的一百三十二种元剧中有十六种采取自《史记》故事。李长之说："正如唐人的传奇之作为元明剧作家的材料来源一样，也正如中世纪的传说之为莎士比亚所取资一样。司马迁的《史记》是成了宋明清的剧作家的探宝之地了。"[①]通过李长之的分析，可以理解历史成为历史剧创作资源的情形。

谈到戏剧和历史的关系，自然会想起史学大师顾颉刚发起以《古史辨》为旗帜的"疑古"运动时，曾经因戏剧而得到重要的启示。他在《〈古史辨〉第一册自序》中写道："民国二年，我考进了北京大学的预科。我在南方，常听得北京戏剧的美妙，酷好文艺的圣陶又向我称道戏剧的功用。我们偶然凑得了几天旅费，到上海去看了几次戏，回来后便要作上几个月的咬嚼。这时我竟有这般福分，得居戏剧渊海的北京，如何忍得住不大看而特看。于是我变成了一个'戏迷'了！别人看戏必有所主，我固然也有几个极爱看的伶人，但戒不掉的好博的毛病，无论哪一种腔调，哪一个班子，都要去听上

---

① 李长之：《司马迁之人格与风格》，生活·读书·新知三联书店，1984年，第304—305页。

附论：粉墨历史——"油腻"和"虚无"

几次。全北京的伶人大约都给我见到了。每天上课，到第二堂退堂时，知道东安门外广告板上各戏团的戏报已经贴出，便在休息的十分钟内从译学馆（预科所在）跑去一瞧，选定了下午应看的戏。学校中的功课下午本来就较少，就是有课我也不去请假。在这戏迷的生活中二年有余，我个人的荒唐和学校课业的成绩的恶劣自不消说；万想不到我竟会在这荒唐的生活中得到一注学问上的收获（这注收获直到了近数年方因辨论古史而明白承受）。""自从到了北京，成了戏迷，于是只得抑住了读书人的高傲去和民众思想接近，戏剧中的许多基本故事也须随时留意了。但一经留意之后，自然地生出许多问题来。""深思的结果，忽然认识了故事的格局，知道故事是会得变迁的，从史书到小说已不知改动了多少（例如诸葛亮不斩马谡而小说中有挥泪斩谡的事，杨继业绝食而死而小说中有撞死李陵碑的事），从小说到戏剧又不知改动了多少，甲种戏与乙种戏同样写一件故事也不知道有多少点的不同。一件故事的本来面目如何，或者当时有没有这件事实，我们已不能知道了；我们只能知道在后人想象中的这件故事是如此的分歧的。推原编戏的人所以要把古人的事实迁就于他们的想象的缘故，只因作者要求情感上的满足，使得这件故事可以和自己的情感所预期的步骤和结果相符合。""我看了两年多的戏，惟一的成绩便是认识了这些故事的性质和格局，知道虽是无稽之谈原也有它的无稽的法则。"①顾颉刚后来做"辨证伪古史"的工作，并且取得了举世瞩目的成就，原因之一，竟然是在思考戏剧和历史的关系的过程中得到了启迪。

可以说，顾颉刚有幸通过看戏而得到了对历史的新认识，戏剧则有幸通过顾颉刚的深思为历史学的进步提供了文化素材，而历史也有幸通过顾颉刚和戏剧的文化机缘取得了时代的突破。

历史学者注意到"古人的事实"和"后人""想象"的"不同"。顾颉刚分析："推原编戏的人所以要把古人的事实迁就于他们的想象的缘故，只因作者要求情感上的满足，使得这件故事可以和自己的情感所预期的步骤和结果相符合。""编戏的人"的这种"改动"，通常通过"虚构"程序完成，导致了"事实"和出自"想象"的"步骤和结果""性质和格局"的"分歧"，有时会引起"无稽"的批评。显然，历史剧作内容虚构的合理度，是有必要探究和澄清的问题。

关于历史题材的戏剧，曾经有过长期的争论。争论的焦点是剧作的虚构限度问题。

---

① 顾颉刚：《〈古史辨〉第一册自序》，《古史辨》，上海古籍出版社，1982年，第19—22页。

附论：粉墨历史——"油腻"和"虚无"

在历史剧的创作方面有突出成就的历史学家郭沫若曾经提出这样的意见："剧作家的任务是在把握历史的精神而不必为历史的事实所束缚"①，他主张应当采取"失事求似"的具体手法。② 他还指出："写历史剧可用《诗经》的赋、比、兴来代表。准确的历史剧是赋的体裁，用古代的历史来反映今天的事实是比的体裁，并不完全根据事实，而是我们在对某一段的历史的事迹或某一个历史人物，感到可爱而加以同情，便随兴之所至写成的戏剧，就是兴。"③

文学家茅盾也有深厚的历史学根底，他关于神话的研究就表现出史家的学养。茅盾对于历史和历史剧的关系也发表过重要的意见。他指出："历史家不能要求历史剧处处都有历史根据，正如艺术家（剧作家）不能以艺术创作的特征为借口而完全不顾历史事实、任意捏造。""任何艺术虚构都不应当是凭空捏造，主观杜撰，而必须是在现实的基础上生发出来的。换言之，人与事虽非真有，但在作品所反映的时代历

---

① 郭沫若：《我怎样写〈棠棣之花〉》，《新华日报》1941年12月14日。
② 郭沫若：《历史·史剧·现实》，《戏剧月刊》第1卷第4期，1943年4月。
③ 郭沫若：《谈历史剧——在上海市立艺术学校讲演》，《文汇报》1946年6月26日、6月28日。

史条件下,这些人和事的发生是合理的,是有最大的可能性的。"①

吴晗身为历史学家,曾经也有历史剧作的成功尝试,他的新编历史剧《海瑞罢官》在中国文化史上有醒目的地位。吴晗主张:"历史剧必须有历史根据,人物、事实都要有根据。""人物、事实都是虚构的,绝对不能算历史剧。人物确有其人,但是事实没有或不可能发生的,也不能算历史剧。""历史剧作家在不违反时代的真实性的原则下,不去写这个时代所不可能发生的事情,而写的是这个历史人物所处的时代完全可能发生的事情,在这个原则下,剧作家有充分的虚构的自由,创造故事,加以渲染、夸张、突出、集中,使之达到艺术上的完整的要求。"②

对于历史剧作的虚构,文学史研究大家王瑶认为应当按照历史"可能怎样"进行虚构,按照历史"应该怎样"进行虚构。③ 还有一些学者也提出了各种意见。④

虽然认识各有不同,但是论者们都主张历史真实和艺术

---

① 茅盾:《关于历史和历史剧——从〈卧薪尝胆〉的许多不同剧本说起》,作家出版社,1962年,第127—128页。
② 吴晗:《谈历史剧》,戏剧报编辑部编《历史剧论集》第1集,上海文艺出版社,1962年,第268页。
③ 王瑶:《郭沫若的浪漫主义历史剧创作理论》,《文学评论》1983年第3期。
④ 参看孙书磊:《中国古代历史剧研究》,南京师范大学出版社,2004年。

形式的统一，只是对于这种"统一"的理解有所不同，对于如何"统一"也有不同的看法。

我们看到，论者大都承认历史剧不可能全无偏差地重现历史真实，大都不否认历史剧作中虚构的合理性，只是对于这种虚构的合理度的认识未必一致。

今天，人们看到影视作品中充斥"戏说"历史的现象，也许讨论这种"合理度"是有突出的必要性的。而关于《芈月传》的内容和形式的进一步讨论，或许可以帮助我们深化相关认识。

# 主要参考资料

金德建：《司马迁所见书考》，上海人民出版社，1963年。

陈直：《汉书新证》，天津人民出版社，1979年。

陈直：《史记新证》，天津人民出版社，1979年。

林剑鸣：《秦史稿》，上海人民出版社，1981年。

马非百：《秦集史》，中华书局，1982年。

谭其骧主编《中国历史地图集》，中国地图出版社，1982年。

王云度编著：《秦史编年》，陕西人民出版社，1986年。

睡虎地秦墓竹简整理小组：《睡虎地秦墓竹简》，文物出版社，1990年。

[英]崔瑞德、[英]鲁惟一编《剑桥中国秦汉史：公元前221年至公元220年》，中国社会科学出版社，1992年。

王云度、张文立主编《秦帝国史》,陕西人民教育出版社,1997年。

杨宽:《战国史》(增订本),上海人民出版社,1998年。

国家文物局主编《中国文物地图集·陕西分册》,西安地图出版社,1998年。

杨宽:《战国史料编年辑证》,上海人民出版社,2001年。

杨宽、吴浩坤主编《战国会要》,上海古籍出版社,2005年。

李学勤:《东周与秦代文明》,上海人民出版社,2007年。

刘庆柱、白云翔主编《中国考古学·秦汉卷》,中国社会科学出版社,2010年。

张卫星、陈治国、王煊编《秦考古学文献叙录》,三秦出版社,2010年。

王云度:《秦汉史编年》,凤凰出版社,2011年。

陈伟主编《秦简牍合集》(壹),武汉大学出版社,2016年。

陈伟主编《秦简牍合集》(贰),武汉大学出版社,2016年。

陈伟主编《秦简牍合集》(叁),武汉大学出版社,2016年。

陈伟主编《秦简牍合集》(肆),武汉大学出版社,2016年。

张在明、王有为、陈兰、喻鹏涛:《岭壑无语:秦直道考古纪实》,陕西师范大学出版社,2018年。

刘瑞编著:《秦封泥集存》,中国社会科学出版社,

2020年。

郭声波编著：《〈史记〉地名族名词典》，中华书局，2020年。

孙闻博：《初并天下——秦君主集权研究》，西北大学出版社，2021年。

赵国华、叶秋菊：《秦战争史》，西北大学出版社，2021年。

梁万斌：《帝国的形成与崩溃——秦疆域变迁史稿》，西北大学出版社，2021年。